cLv

Kenneth Flemming

Sag nicht NEIN, wenn Gott dich ruft

Einführung ins Thema Weltmission

d\v

Christliche
Literatur-Verbreitung e.V.
Postfach 110135 · 33661 Bielefeld

1. Auflage 2000

Originaltitel: None Dare Say No
© der amerikanischen Ausgabe 1979
by Emmaus Bible School
156 North Oak Park Ave.
Oak Park, Illinois 60301, USA
© der deutschen Ausgabe 2000
by CLV - Christliche Literatur-Verbreitung
Postfach 110135 - 33661 Bielefeld
Übersetzung: Rosmarie Lamer und Marita Lindner
Umschlag: Dieter Otten, Gummersbach
Satz: CLV
Druck und Bindung: Ebner, Ulm

ISBN 3-89397-278-1

Inhaltsverzeichnis

Die wichtigste Aufgabe in der Welt heute ist nicht zu entdecken, wie wir die riesigen Probleme der Menschheit lösen können. Sicherlich existieren immense Probleme, über die sich ein gläubiger Christ Gedanken machen sollte – Bevölkerungsexplosion, Mangel an Rohstoffen und Energie, Umweltverschmutzung und Atomwaffen. Ebenso sind auf wirtschaftlicher, politischer und gesellschaftlicher Ebene große Probleme zu lösen, die nicht ignoriert werden können. Aber für einen Christen ist keines von ihnen, noch alle zusammen, so wichtig wie die Aufgabe der Weltevangelisation. Die überragende Aufgabe der christlichen Mission steht mit Abstand an der Spitze als die dringendste und wichtigste Not in der Welt.

Aber worüber sprechen wir überhaupt, wenn wir das Wort »Mission« verwenden? Zunächst ist mit Mission oder Evangelisation die Verbreitung des Evangeliums (d.h. die Gute Nachricht von Jesus Christus) unter den unerreichten Völkern auf der ganzen Welt gemeint. Aus praktischen Gründen wird der Begriff Mission normalerweise in seiner Bedeutung eingeschränkt, um ihn von der Evangelisation zu unterscheiden, die in der selben Kultur stattfindet. Mission im fachlichen Sinne bedeutet Verbreitung des Evangeliums über kulturelle Grenzen hinweg. In diesem Buch befassen wir uns mit der über-kulturellen Bedeutung. Mission bedeutet weit mehr als das simple Verkünden des Evangeliums. Wenn man etwas verkündet, das niemand hören würde, dann würde damit gar nichts erreicht. Mission setzt voraus, dass nicht nur eine Botschaft verkündet wird, sondern dass Menschen diese Botschaft auch *hören*. Es geht sogar noch darüber hinaus – Mission muss zu einer *Reaktion* der Menschen führen, welche die Botschaft gehört haben. Die erste Reaktion darauf ist der Glaube an das Sühneopfer Christi, aber sogar das ist zur Definition von Mission noch nicht ausreichend. *Mission ist die wirkungsvolle Verbreitung des Evangeliums unter der gesamten Weltbevölkerung, die dazu führt, die Menschen von den Sünden zu erlösen, sie zu Jüngern Jesu zu machen und sie schließlich in eine örtliche Gemeinde einzugliedern.* Daraus folgt, dass Missionare die Überbringer des Evangeliums über kulturelle Grenzen hinweg sind.

Der Sinn dieses Buches ist es, das Thema »Mission« so einfach und deutlich wie möglich zu erklären und die biblischen Grundlagen zu betonen. Ebenso wird auf die Verantwortung eines jeden einzelnen Gläubigen für die Weltmission hingewiesen. Wir können in dieser Serie nur die Grundbegriffe erörtern, aber wenn der Leser dadurch angeregt wird, als ein Nachfolger Christi seine Augen aufzuheben und zu schauen (Joh. 4,35), seine Hände zur Arbeit zu bewegen (Mk. 4,29) und seine Füße in Bewegung zu setzen und zu gehen (Mk. 16,15), dann hat das Buch seinen Sinn erfüllt.

Das Herzstück der Mission in unserer Zeit ist der Befehl Jesu Christi an seine Jünger, in die »ganze Welt« zu gehen und das Evangelium der »ganzen Schöpfung« zu predigen (Mk. 16,15). In vielen, wenn nicht in den meisten örtlichen Gemeinden wird die Mission als eines der unwichtigsten Dinge überhaupt betrachtet. Dies ist eine verzerrte Vorstellung von dem, was Gott für unsere Zeit vorausgeplant hatte. Aktive Mission ist überhaupt das wichtigste in Gottes Plan. Dafür ist Gott in die Welt gekommen. Der Herr selbst gab durch den Missionsbefehl den Anstoß zur Weltmission.

Wem gab er den Missionsbefehl? Ist sein Befehl heute noch aktuell? Müssen wir seinem Befehl Folge leisten? War es Gottes Sohn, der Schöpfer des Universums, der diesen Befehl erteilte? Ist Er sowohl der Richter, als auch der Erretter der ganzen Erde? Hat Er auch heute noch die Befehlsgewalt über dich und jeden einzelnen Christen in der Welt? Wenn das so ist, *dann sag nicht NEIN, wenn Gott dich ruft.*

Lektionen, die du studieren wirst:

1. Die globale Sicht der Bibel
2. Die biblischen Motive für Mission
3. Der individuelle Ruf in die Mission
4. Die Eigenschaften des wirksamen Missionars
5. Das Ziel Gottes und Sein Plan mit Mission
6. Methoden in der Mission
7. Die Rolle der örtlichen Gemeinde in der Mission
8. Unterstützung der Mission
9. Mission begegnet fremden Kulturen
10. Mission in der Geschichte
11. Das heutige Umfeld der Mission
12. Kampf in der Mission

Mission ist das Eigentliche von Gottes Wirken heute. Gott wirkt unter *den Nationen* der Welt und beruft aus ihnen »ein Volk für seinen Namen« (Apg. 15,14). Gott wirkt ebenso unter Seinem *ursprünglichen Volk*, den Juden, indem Er einen Überrest von ihnen für Seine zukünftigen Pläne aufbewahrt (Röm. 11,1-5). Und Gott wirkt in *Seiner Gemeinde*, deren Haupt Christus ist (Eph. 2 u. 3). Wir können sehen, dass sich Gottes Interesse nicht nur auf unser Zeitalter beschränkt. Er war immer um all Seine Geschöpfe bemüht, und diese Perspektive zieht sich ganz klar wie ein roter Faden durch die ganze Bibel – vom Anfang bis zum Ende. Angefangen vom 1. Buch Mose bis zur Offenbarung ist die Bibel ein Werk über Mission. Mission ist das herausragende Merkmal von Gottes Reden und Handeln in der Bibel.

Mission im Alten Testament

Es wird allgemein angenommen, dass das Alte Testament hauptsächlich vom Umgang Gottes mit Seinem auserwählten Volk, den Juden, berichtet. Aus dieser Annahme könnten wir schließen, dass Gott bis zum Missionsbefehl (Mk. 16,15) an keinem anderen Volk der Welt Interesse hatte. Beides, die Annahme und der daraus folgende Schluss, ist falsch. Gott hat sich immer schon als universeller Gott dargestellt, als Gott, der immer, für alle Menschen überall auf der Welt existiert. Vom allerersten Vers an bezeugt das Alte Testament das weltweite Interesse Gottes. Erlaube deinem Gedächtnis, kurz die Berichte des Alten Testaments durchzugehen, indem wir uns die folgenden Tatsachen vor Augen führen.

Bei der Schöpfung war der Befehl des Schöpfers: »Seid fruchtbar und vermehrt euch und füllt die Erde« (1. Mo. 1,28). Nach der Sintflut gab Er Noah und seiner Familie denselben Befehl: »Seid fruchtbar und vermehrt euch und füllt die Erde« (1. Mo. 9,1). Später, als die Menschen Gottes Befehle missachteten und versuchten sich in Babel anzusiedeln, wurden sie durch die Verwirrung der Sprachen über die ganze Welt verstreut (1. Mo. 11,9). Als Gott sein Handeln mit

der Menschheit auf einen einzelnen Menschen konzentrierte, auf
Abraham, sagte er zu ihm: »...in dir sollen gesegnet werden alle
Geschlechter der Erde!« Als das Volk Israel aus Ägypten auszog,
erinnerte Gott den Pharao durch Mose daran, dass man den Namen des Herrn auf der ganzen Erde verkünden würde (2. Mo. 9,16).
Immer und immer wieder werden wir in den Psalmen darauf hingewiesen, dass die ganze Erde von Seiner Macht und Herrlichkeit erfüllt sein wird (Ps. 72,17-19). In Psalm 19 sagt David, dass die Himmel Gottes Herrlichkeit auf der ganzen Erde verkünden (Ps. 19,1-
4). Auch die hebräischen Propheten bezogen ihre Prophetien auf die
ganze Welt. »Die Völker der Erde werden Rechtschaffenheit lernen«
(Jes. 26,19; 14,22). Diese Beweisführung könnte noch fortgesetzt
werden, aber wir können bereits anhand dieser Beispiele sehen, dass
Gott schon im Alten Testament die ganze Erde ein Anliegen war.
Sowohl Einzelpersonen, als auch ganze Völker, die nichts mit dem
Bund, den Gott mit Israel geschlossen hatte, zu tun hatten, erhielten die Botschaft von der Güte und Gnade Gottes. Erinnern wir uns
an Melchisedek, den kanaanitischen König, der Priester Gottes, des
Allerhöchsten, war und Abraham traf. Oder Hiob, der womöglich
der allererste Schreiber im Alten Testament war. Sogar Jetro, der
Schwiegervater von Mose, kannte Gott (2. Mo. 18,1). Ebenso hatte
Rahab aus Jericho die gute Nachricht von den hebräischen Spionen
gehört (Jos. 2,8-15) und Ruth, die Moabiterin, erfuhr durch Naomi
von Gott (Ruth 1,16.17). Naaman, der Syrier, wurde von einer hebräischen Sklavin zu dem Propheten geführt (2. Kö. 5,3). Außer zu
diesen Einzelpersonen stellte Gott Beziehungen zu den großen heidnischen Königreichen her, die das kleine Israel umgaben. Sowohl
Mose, als auch Josef hatten in Ägypten unauslöschliche Spuren ihres Zeugnisses hinterlassen (1. Mo. 41,25 ff; 2. Mo. 5,1ff). Jona war
als Missionar nach Assyrien geschickt worden, und seine Botschaft
hatte eine durchschlagende Auswirkung auf das ganze Land, denn
die Menschen kleideten sich in Sack und Asche, um ihre Reue zu
zeigen (Jon. 3,1-10). Gott hatte in Daniel und seinen drei hebräischen Freunden Sadrach, Mesach und Abednego einige besondere
Zeugen für das große Königreich Babylon ausersehen (Dan. 3,1-30;
4,1-37). Das nächste große Königreich war Persien. Hier gebrauchte
Gott Daniel als er schon alt war (Dan. 6,1-28) und später Königin
Esther um den Namen des lebendigen Gottes zu verkündigen (Est.
7,1-10). An diesem Punkt schließt der historische Bericht des Alten
Testaments. Aber es ist wohl für jeden, der die Bibel studiert, offen-

sichtlich, dass Gott sich große Mühe gab, sein Zeugnis in allen gro-
ßen Nationen der Welt zu hinterlassen. Aus den Berichten von dem
Gericht über diese heidnischen Nationen können wir ersehen, dass
Gott die Menschen dafür verantwortlich hielt, Gott zu kennen und
Ihm zu gehorchen.

Mission im Neuen Testament

Wenn wir nun das Neue Testament betrachten, dann gewinnen
wir einen umfassenden Überblick zu dem Thema. Niemand kann
das missionarische Bild übersehen, das von den Evangelien, der
Apostelgeschichte, den Briefen und der Offenbarung klar hervorgehoben wird. In den Evangelien wird die Darstellung lebendig und
offenbar. Bei der Geburt Christi verkündeten die Engel den Hirten:
»Denn siehe, ich verkündige euch große Freude, die für das ganze
Volk sein wird« (Lk. 2,10; im engl. »für alle Völker«). Als Christus
als kleines Kind im Tempel dargebracht wurde, sagte der alte Prophet: »... denn meine Augen haben dein Heil gesehen, das du bereitet hast im Angesicht aller Nationen« (Lk. 2,30-31). Als er dann
von Johannes dem Täufer dem Volk Israel vorgestellt wurde, hörte
man die eindrucksvollen Worte: »Siehe, das Lamm Gottes, das die
Sünde der Welt wegnimmt« (Joh. 1,29). In seiner allerersten Predigt wurde schon das hauptsächliche Anliegen Gottes offenbar:
»Denn so hat Gott die Welt geliebt, dass er seinen eingeborenen
Sohn gab« (Joh. 3,16). Bereits im ersten Gleichnis wird derselbe
Aspekt hervorgehoben. Im Gleichnis vom Unkraut unter dem
Weizen, stellt der Acker die Welt dar (Mt. 13,38). Später verkünde-
te der Herr Jesus: »Und ich, wenn ich von der Erde erhöht bin,
werde alle zu mir ziehen« (Joh. 12,32). Am ersten Tag nach seiner
Auferstehung befahl er seinen Jüngern: »Geht hin in die ganze Welt
und predigt das Evangelium der ganzen Schöpfung« (Mk. 16,15).
Ein paar Tage später, in Galiläa, wurde ihnen befohlen, dass sie
»alle Nationen zu Jüngern machen« sollten (Mt. 28,19). Kurz vor
Seiner Himmelfahrt sprach er diese Abschiedsworte zu seinen Jüngern: »... und ihr werdet meine Zeugen sein, ... bis an das Ende
der Erde« (Apg. 1,8). Wir können also sehen, dass das Leben unseres Herrn Jesus Christus auf der Erde, von Anbeginn, also von der
Verkündigung bei Seiner Geburt durch die Engel, bis zu Seinem
letzten Befehl vor Seiner Himmelfahrt, ein globales Ziel und eine
weltweite Perspektive hatte.

Mission in der Apostelgeschichte

In der Apostelgeschichte bekommt der missionarische Auftrag eine
ganz neue Dimension. Die Himmelfahrt Jesu öffnete den Weg für
den Heiligen Geist, dessen große Aufgabe es ist, die Jünger Jesu für
die Verbreitung des Evangeliums über die ganze Welt zu stärken und
zu ermutigen. Der Heilige Geist selbst, der in jedem Gläubigen
wohnt, machte ein wirksames Zeugnis möglich, nicht die eigenen
Bemühungen. Der Herr Jesus selbst sprach von diesem wichtigen
Dienst des Heiligen Geistes: »Aber ihr werdet Kraft empfangen, wenn
der Heilige Geist auf euch gekommen ist; und ihr werdet meine
Zeugen sein ...« (Apg. 1,8). In der Apostelgeschichte lesen wir von
Männern, die, gestärkt durch den Heiligen Geist, die Heilsbotschaft
verbreiteten. Petrus, Stephanus, Paulus, Barnabas, Johannes Markus, Silas, Timotheus; diese alle werden uns in der Apostelgeschichte
als Männer vor Augen geführt, die ihre missionarische Aufgabe er-
füllten, nämlich »Zeugen sein bis an das Ende der Erde«. Jeder, der
sich die Zeit nimmt, die Apostelgeschichte in Hinblick auf diese
Tatsache ein einziges Mal durchzulesen, wird einen unvergängli-
chen Eindruck zurückbehalten. Jeder, der sich mit Mission befasst,
sollte das tun. Wenn wir die Apostelgeschichte im Überblick betrachten, bekommen wir einen Eindruck von der sich unaufhörlich
ausbreitenden Missionsarbeit. Der Schlüsselvers Apostelgeschichte
1,8 ist der Beginn dieser Bewegung: zunächst das Zeugnis in Jerusalem in Kapitel 2-7, dann das Zeugnis in Judäa und Samaria in den
Kapiteln 8 und 9, und schließlich die Verbreitung des Evangeliums
über die ganze Erde in den Kapiteln 10-28.

Die beiden letzten Drittel der Apostelgeschichte befassen sich mit
der missionarischen Tätigkeit von Paulus und seinen Mitarbeitern
(Apg. 9-28). Das Leben und Wirken des Paulus sind das herausragende Beispiel eines Missionars mit Durchschlagskraft. Missionare, die
weise sind und viel Erfahrung haben, orientieren sich für ihre eigene
Missionsarbeit immer wieder an dem biblischen Vorbild, welches
durch Paulus eindrucksvoll dargestellt wird. Wenn wir die Missionsarbeit von Paulus betrachten, sollten wir die Landkarte studieren und
seine Reisen nachvollziehen. Wir sollten den Ausgangspunkt beachten, seine Heimatgemeinde in Antiochien. Von hier wurden Paulus
und Barnabas von den Ältesten zum Missionsdienst empfohlen, zu
welchem sie der Heilige Geist berufen hatte (Apg. 13,1-4).

Wir sollten auch die strategische Lage der Städte beachten, in denen sie Gemeinden gründeten, bevor sie sich zur nächsten Ortschaft aufmachten. Ebenso ist die Fürsorge für diese jungen Gemeinden bemerkenswert, die sie immer wieder besuchten, um die Geschwister zu ermutigen und geistlichen Beistand zu leisten, um damit die Gemeinden zu festigen (Apg. 14,21-23). Aber sogar dies war noch nicht das Ende der Missionstätigkeit des Paulus.

Mission in den Briefen des Neuen Testaments

Die Apostelgeschichte berichtet über die Entwicklung der Missionsarbeit während der ersten dreißig Jahre. Die meisten der noch übrigen Bücher des Neuen Testaments sind Briefe von Paulus, Jakobus, Petrus und Johannes. Das Bemerkenswerte daran ist, dass es sich dabei um Missionsbriefe handelt. Die Briefe waren *Briefe von Missionaren* an örtliche, von Missionaren gegründete Gemeinden adressiert, oder an Einzelpersonen, welche durch die Missionare erreicht worden waren. Diese Tatsache wird beim Lesen des Neuen Testaments oftmals nicht wahrgenommen, aber sie ist wichtig, wenn wir diese Briefe verstehen wollen. Die zentrale Bedeutung der Mission ist darin grundlegend.

Von diesem Standpunkt aus betrachtet, sehen wir im Römerbrief eine Darstellung der Heilslehre, wie sie eine junge Missionsgemeinde dringend benötigt. Der erste und zweite Korintherbrief befassten sich mit den missionarischen Grundzügen der Gemeindeordnung, gerichtet an Neubekehrte, die sich mit örtlichen Problemen auseinandersetzten. Der Brief an die Kolosser wurde geschrieben, um eine Irrlehre zu bekämpfen, welche sich unter der jungen Gemeinde in Kolossä ausgebreitet hatte, und der Brief an die Philipper sollte die neu gegründete Gemeinde in Philippi ermutigen. Beim aufmerksamen Studium der Briefe sehen wir, dass sie sich mit dem aktuellen Geschehen und dem Leben der Menschen in einer Missionssituation befassen.

Mission in der Offenbarung

Das letzte Buch der Bibel ist die Offenbarung Jesu Christi. In diesem Buch geht es hauptsächlich um die Zukunft, aber wir sollten beachten, dass diese zukünftigen Ereignisse, von denen die Rede ist, sich auf die ganze Welt beziehen. Beginnend mit den Briefen an die sieben Gemeinden in Asien (Südwest Türkei) (Offb. 2 u. 3), fährt das Buch fort, die großen Gerichte Gottes bis hin zu den Höhepunkten der Geschichte zu entfalten. Gott handelt so, um Seine Herrschaft und Seine Gerechtigkeit über die ganze Welt aufzurichten. Dann wird die ganze Erde von Seiner Herrlichkeit erfüllt sein und Gott wird seine weitreichenden Pläne vollenden, innerhalb derer die Mission jetzt nur einen Teil ausmacht. Dann werden Gottes Absichten erfüllt sein und Jesus Christus wird in alle Ewigkeit regieren.

Vom ersten Buch Mose bis zur Offenbarung ist die Bibel ein Buch über Mission. Gott hat sich als ein missionarischer Gott geoffenbart. Der Gott, welcher die Welt erschaffen hat, hat sie auch geliebt; Er sandte Seinen Sohn um die Welt zu erretten und Er gab den Jüngern den Befehl, die Botschaft von Jesus Christus in der ganzen Welt zu verbreiten. Die globale Sicht der Bibel ist deutlich.

Fragen für Studium und Diskussion zu Lektion 1:

1. Beschreibe, wie Gott heute unter den Völkern wirkt.

2. Wie beschreibt uns das Alte Testament das weltweite Interesse Gottes an den Menschen?

3. Betrachte die Einzelpersonen und Nationen, die nicht zum Bund Gottes mit Israel gehörten, und erörtere, wie die Botschaft von der Güte und Gnade Gottes von ihnen aufgenommen wurde.

4. Studiere Jesaja 45. Was sagt uns dieses Kapitel über die allgemeinen Ansprüche Gottes? Wie sollten wir auf diese Ansprüche reagieren?

5. Inwiefern kann man den Herrn Jesus Christus als Missionar bezeichnen? Diskutiere darüber.

6. Beweise anhand der Evangelien das weltweite Interesse Jesu Christi an den Menschen.

7. Notiere, auf welche Art und Weise du aktiv versuchst, für Jesus Christus Zeugnis zu geben.

8. Beschreibe die missionarische Strategie des Paulus und seine Aktivitäten.

9. Diskutiere die Feststellung: »Das Bemerkenswerte an den Briefen des Neuen Testaments ist, dass es Missionsbriefe sind.« Untersuche, wie die Neubekehrten angeleitet werden, die in einer missionarischen Umgebung leben. Schreibe eine Zusammenfassung dieser Lehren.

10. Was ist deine Reaktion auf die globale Sicht der Bibel über Mission. Musst du deine Einstellung ändern?

Die gesamte Bibel hat eine eindrucksvolle weltweite Zielsetzung. Jeder ernsthafte Christ ist sich dessen beim Lesen und Studieren bewusst. In der ersten Lektion haben wir schon einiges vom recht offensichtlichen globalen Aspekt der Bibel erörtert. Aber es genügt nicht, die Wahrheit zu erkennen. Aus der Schrift können wir ersehen, dass Mission mehr beinhaltet, als nur Gottes Interesse an der ganzen Welt zu verstehen. Jeder Christ ist ein Teil dieser Welt, an der Gott so viel liegt, und als solcher hat er auch eine gewisse Verantwortung zu tragen. Ob wir dieser Verantwortung gerecht werden oder nicht, hängt von unserem Verständnis ab und von unserer Bereitschaft, unsere Aufgabe zu erfüllen. Diese Lektion handelt deshalb von Motivation für Mission.

Hervorragende Leistungen wurden von gewöhnlichen Menschen vollbracht, weil sie hoch motiviert waren, auch im Alltag. Eltern können, angetrieben von der Liebe zu ihren Kinder, lange Durststrecken überstehen und unwahrscheinliche Opfer für das Wohl ihrer Kinder bringen. Die Geschichte berichtet von unzähligen Menschen, die zu Helden wurden, weil sie weit über ihre Pflicht hinaus gehandelt haben. Die andere Seite der Wahrheit ist, dass unmotivierte Menschen die geborenen Verlierer sind. In jedem Lebensbereich, in dem der Mensch gefordert ist, ist Motivation der Schlüssel zur Leistung. Im christlichen Leben ist es gleicherweise wichtig, und das Wort Gottes spricht ganz klar aus, dass wir motiviert sein müssen, Gottes Willen zu tun.

Der Unterschied zwischen Gläubigen, die sich in der Mission engagieren und solchen, die dem gleichgültig gegenüberstehen, liegt zum großen Teil daran, wie sie motiviert sind. Beide haben den gleichen Herrn, die gleiche Errettung, die gleiche Bibel und die gleichen Befehle, aber der eine wird gedrängt, darauf zu reagieren, und der andere nicht. Ebenso gibt es Einige, die es bewusst vermeiden, mit Mission in Berührung zu kommen, weil sie sich entschieden haben, dass sie damit nichts zu tun haben wollen. Sie fürchten sich davor, dass sie für Mission motiviert werden könnten. Andererseits

gibt es auch Menschen mit verzerrten Vorstellungen von der ro-
mantischen Seite der Mission, die unbedingt mitmachen möchten,
aber die letztendlich scheitern könnten, weil sie keine klaren biblischen Motive haben. In dieser Lektion werden wir vier Motive für
Mission kennen lernen, die im Neuen Testament dargestellt sind.
Jedes Einzelne ist ein zwingender Grund für dich, an der Weltmission teilzunehmen. Wir werden herausfinden, dass wir jeden dieser
Beweggründe im Leben und Dienst unseres Herrn Jesus Christus
wiederfinden. Außerdem werden wir entdecken, dass diese Beweggründe unsere ganze Persönlichkeit ansprechen (die Gefühle, den
Verstand und den Willen). Betrachte und erwäge alles sorgfältig.

Fühle den Schmerz einer gequälten Welt

Das erste Motiv der Bibel für Mission ist ein Appell an unser Gefühl. Du lebst in einer gequälten Welt, und als Jünger hast du den
Befehl, das zu sehen. Wenn du schaust, siehst du den Schmerz von
Armut, Hunger und Krankheit. Du siehst Vorurteile, Ausbeutung
und Grausamkeit. Du siehst Flüchtlinge, Waisen und Ghettos,
Angst, Analphabetismus und Schmerz. Die Welt, in der du lebst, ist
gequält. Wenn du dies alles betrachtest, kannst du kaum gleichgültig bleiben. Durchdenke die Worte des Herrn Jesus Christus an seine Jünger, als er die Massen der Verlorenen in Galiläa sah: »Als er
aber die Volksmengen sah, wurde er innerlich bewegt über sie, weil
sie erschöpft und verschmachtet waren wie Schafe, die keinen Hirten haben. Dann spricht er zu seinen Jüngern: Die Ernte zwar ist
groß, die Arbeiter aber sind wenige. Bittet nun den Herrn der Ernte,
dass er Arbeiter aussende in seine Ernte!« (Mt. 9,36.37). Dies ist
ein bemerkenswerter Abschnitt, der die tiefen Gefühle und die Be-
troffenheit des Herrn Jesus über die geistliche Ziellosigkeit und Ver-
lassenheit all dieser Menschen zeigt. Er beschrieb diese Ziellosigkeit, indem Er sie als »Schafe ohne Hirten« bezeichnete. Er wusste
genau Bescheid über ihr Elend und ihre Erschöpfung, und Er wusste
von ihrem bevorstehenden Gericht. Er spürte die Verlorenheit der
Menschen, die keinen Retter hatten. Der Anblick dieser unzähligen
Verlorenen berührte Ihn tief, und Er teilte den Jüngern seine Gefühle mit. Er erwartete von ihnen, dass ihr Herz genauso bei den Menschen war und sie in dieser Sache genauso fühlten wie Er.

Der Appell an eure Gefühle wird am meisten benutzt, um Mission in der ganzen Welt zu fördern. Es gibt kaum ein Missionstreffen, wo nicht anschauliche Statistiken verwendet werden, um das Volk Gottes für die Bedürfnisse der Welt wachzurütteln. Solche Zahlen sollten uns aus unserer Lethargie aufwecken. Man vermutet, dass im Jahre 1995 von den 5,8 Milliarden Menschen 3,8 Milliarden noch nie eine deutliche Erklärung des Evangeliums gehört haben. Das heißt, dass zwei von drei Menschen noch nicht die Möglichkeit hatten, zu entscheiden, ob sie das Angebot zur Errettung annehmen oder ablehnen. Gegenwärtig gibt es zehnmal mehr Menschen, die noch nicht vom Evangelium erreicht worden sind, als zur Zeit Jesu, als die Weltbevölkerung ungefähr 250 Millionen Menschen zählte. So, wie es im Moment mit der Verbreitung des Evangeliums aussieht, wird sich die Zahl der unerreichten Menschen in den nächsten 25 Jahren noch verdoppeln. Es gibt Länder, wo die Not überwältigend ist. In der Türkei mit mehr als 60 Millionen Einwohnern gibt es im ganzen Land nicht mehr als 500 wiedergeborene Türken. In Mauretanien und Libyen kann man die Moslems, die sich bekehrt haben, an einer Hand abzählen.

Solche Statistiken sollten die christliche Welt und dich als Einzelnen aufrütteln. Jesus Christus und die frühen Gläubigen wären dadurch sicherlich zum Handeln bewegt worden. Heutzutage gibt es wenige Christen, die über den verlorenen Zustand der Welt weinen. Die Menschen sind im wahrsten Sinne des Wortes »Schafe ohne Hirten«. Der Apostel Paulus beschreibt, dass sie »ohne Christus« sind, »ohne Hoffnung« und »ohne Gott in der Welt« (Eph. 2,12). Sie gehen einer Ewigkeit ohne Christus entgegen und »der Zorn Gottes bleibt auf ihnen« (Joh. 3,36). Ohne Christus sind sie *verloren*. Diese erschreckende Tatsache sollte dein Innerstes aufwühlen. Sonst ist es eine Schande für dich.

Wie können wir nur unberührt bleiben, angesichts der Folgen davon, dass so viele Menschen leeren Religionen folgen, oder überhaupt keine Religion haben? In Wirklichkeit sind sie genauso verwundet und verletzt wie der Mann in der Geschichte vom barmherzigen Samariter (Lk. 10,29-37). Wagen wir es, mit einem kurzen Blick und einem Schulterzucken vorüberzugehen? Der springende Punkt der Geschichte ist der, dass der gute Samariter *Mitleid* mit dem Mann hatte, und aus Mitleid auch handelte (Lk. 10,33). Die Verkündigung des Evangeliums wurde oftmals durch Mitleid durchgeführt. Oft ging die Heilung durch Medikamente der Heilung durch das Evangelium voraus. Bevor man das Wort lehren kann, muss man den Menschen Lesen und Schreiben beibringen. Hygiene, Konservierungsmethoden, etc. begleiten das Evangelium. Die Menschen müssen als »Menschen« erreicht werden, nicht nur als »Seelen«. Bei Völkern, die sich dem Evangelium zuwenden, verbessert sich der soziale und wirtschaftliche Standard erheblich.

Jetzt ist ein Hinweis zur Vorsicht angebracht. Das Mitleid, das der Herr Jesus mit diesen »verlorenen Schafen« (Mt. 9,36) hatte, basierte auf der Tatsache, dass sie ohne einen Hirten waren. Er wusste um all ihre körperlichen und sozialen Bedürfnisse und hat sie auch gelindert (Mt. 9,35). Aber am meisten wurde er vom geistlichen Zustand der Menschen angerührt. Bitte vergiss nicht, dass die geistlichen Bedürfnisse unserer Welt heutzutage die größten sind. Wenn du diese Sicht verlierst, dann könntest du die Kraft des Evangeliums einbüßen, das wir verkündigen.

Bringe das Licht zu den Menschen in der Finsternis

Das zweite Motiv für Mission aus der Bibel richtet sich an deinen Verstand. Du weißt, dass sich die Welt in geistlicher Finsternis befindet. Du weißt, dass wir das Licht des Lebens haben. Deshalb ist es das Logische, und das einzig Vernünftige, das Licht zu den Menschen in der Finsternis zu bringen. Beachte den Vers: »Denn wer auch immer den Namen des Herrn anrufen wird, wird errettet werden. Wie sollen sie nun den anrufen, von dem sie nicht gehört haben … und wie aber sollen sie hören ohne einen Prediger?« (Röm. 10,14). Diese Frage beinhaltet, dass das logische Verstehen von den Bedürfnissen der Welt zu einer logischen Folgerung führt: Wir müssen etwas unternehmen. So einfach ist das. Menschen sind in der Finsternis und wir haben das Licht. Menschen sind krank und wir haben die Medizin, die sie brauchen. Wenn du dich zurücklehnst und darüber diskutierst, ob ein liebender Gott einen Menschen verurteilt, der noch nie etwas vom Evangelium gehört hat, dann weichst du den Tatsachen aus. Paulus schlussfolgert deutlich und mit ungeheurem Nachdruck: »Da wir nun den Schrecken des Herrn kennen, so überreden wir Menschen« (2. Kor. 5,11). Er tat nur, was Gott von ihm wollte. Gott hatte ihn zu den Heiden gesandt um »ihre Augen zu öffnen, dass sie sich bekehren von der Finsternis zum Licht« (Apg. 26,18).

Alle Menschen sind Sünder (Röm. 3,23). Jeder ist dem Gericht Gottes wegen der Sünde ausgeliefert (Hebr. 9,27). Nur Christus kann den Menschen von der Sünde erretten (Apg. 4,12). *Deshalb* ist die einzig vernünftige Reaktion darauf, dass wir uns mit der Botschaft des Evangeliums aktiv an alle Menschen wenden müssen. Du kannst und musst die Lösung auf das Problem anwenden. Gott wendet sich in Seinem Wort an deinen Verstand. Dazu braucht es keinen mystischen »Ruf« oder irgendwelche »seltsamen Träume«. Die logische Notwendigkeit von Mission ergibt den Dienst des Christen. Wenn dein Nachbar noch nicht errettet ist, dann sagt dir dein Verstand einfach, dass es deine Aufgabe ist, ihm von Jesus und von Seiner Liebe zu erzählen. Die ersten Jünger taten auch nichts anderes. Sie gingen überall hin und verkündeten das Evangelium (Mk. 16,20). Diese zweite Reaktion mit unserem Verstand ist ein weiterer Schritt nach der Reaktion mit unserem Gefühl. Der oft wiederholte Satz stimmt: »Gefühle sind kein Ersatz für Handlungen.« Gefühle bewegen den Verstand, der daraufhin den Körper zum Handeln bringt.

Was die Weltmission anbelangt, möchte Gott, dass du deinen Verstand gebrauchst. »Wie aber sollen sie an den glauben, von dem sie nicht gehört haben? Wie aber sollen sie hören ohne einen Prediger?« (Röm. 10,14). Der Glaube kommt vom Hören, und es ist deine Aufgabe darauf zu achten, dass sie hören. Reagiere mit deinem Verstand. »Die Zeit ist begrenzt« (1. Kor. 7,29).

Gehorche dem Befehl des Herrn

Das dritte Motiv aus der Bibel für Mission betrifft deinen Willen. Du merkst, dass Gott sich an alle drei wichtigen Bereiche der Persönlichkeit richtet, an das Gefühl, den Verstand und den Willen. Schon allein aus dieser Tatsache sollte uns die Tragweite und Wichtigkeit dieses Anliegens unseres Herrn deutlich werden. Wenn wir den Bereich des Willens betrachten, wo konkrete Entscheidungen getroffen werden, so wird die Herausforderung noch stärker als vorher. Du kannst das einfach nicht ignorieren. Wir bekommen einen direkten Befehl, er ist klar, kategorisch und dringend. Damit wir seine Bedeutung nicht übersehen, hat Gott diesen Befehl an fünf verschiedenen Stellen in der Bibel angeführt. Durchdenke, wie der auferstandene Herr Seinen Jüngern befiehlt, das Evangelium in die ganze Welt hinaus zu tragen.

Der Missionsbefehl, von dem im Neuen Testament fünfmal berichtet wird, wird zu drei verschiedenen Zeitpunkten erteilt. Zum ersten Mal erteilte der Herr den Missionsbefehl am Abend der Auferstehung, zum zweiten Mal auf dem Berg in Galiläa und zum dritten Mal am Ölberg kurz vor Seiner Himmelfahrt.

- »Mir ist alle Macht gegeben im Himmel und auf Erden. Geht nun hin und macht alle Nationen zu Jüngern« (Mt. 28,18-29).

- »Und er sprach zu ihnen: Geht hin in die ganze Welt und predigt das Evangelium der ganzen Schöpfung« (Mk. 16,15).

- »Und so muss in seinem Namen Busse zur Vergebung der Sünden gepredigt werden allen Nationen, anfangend von Jerusalem. Ihr seid Zeugen hiervon; und siehe ich sende die Verheißung meines Vaters auf euch« (Lk. 24,47-49).

- »Jesus sprach nun wieder zu ihnen: Friede euch. Wie der Vater mich ausgesandt hat, sende ich auch euch« (Joh. 20,21).

- »Aber ihr werdet Kraft empfangen, wenn der Heilige Geist auf euch gekommen ist; und ihr werdet meine Zeugen sein, sowohl in Jerusalem als auch in ganz Judäa und Samaria und bis an das Ende der Erde« (Apg. 1,8).

Fünfmal! Der Befehl wird in jedem der ersten fünf Bücher des Neuen Testaments überliefert. Kein Christ ist davon ausgenommen. Da gibt es keine Ausflüchte oder Notausgänge, durch die du dem Befehl entkommen könntest. Jesus Christus ist der Herr und Seine Autorität ist unbestritten. Wenn du Ihn als Herrn anerkennst, musst du Seinem Befehl gehorchen. Jeder Gläubige hat die Verantwortung zu gehorchen. Da der Befehl die ganze Welt, und somit alle Völker der Welt einschließt, gilt der Befehl solange, bis alle mit dem Evangelium erreicht worden sind. Von diesem Ziel sind wir noch furchtbar weit entfernt.

Du solltest dir dessen bewusst sein, dass der Herr Jesus nicht nach Freiwilligen sucht, die sich ihre Aufgaben selbst aussuchen können. Er befiehlt allen Seinen Untertanen, Seinem Befehl zu gehorchen. Mission ist keine freiwillige Sache. Du musst auf den Befehl des

Herrn entweder mit »Ja« oder »Nein« antworten. Es ist eine Frage des Willens. Alles Andere als bedingungsloser Gehorsam ist Ungehorsam, und demnach Sünde. Die Weltevangelisation steht im Zentrum von Gottes Anliegen für dieses Zeitalter. Wir sind alle dazu aufgefordert, bei dieser Aufgabe mitzuarbeiten, indem wir beten, geben, helfen und gehen. Entwickelt eine Begeisterung für Mission, im Gehorsam gegen Gottes Gebot.

In jeder der fünf Überlieferungen des Missionsbefehls wird eine andere Sache betont:

Matthäus betont die Aufgabe. Es sollten *Jünger gemacht* werden (Gläubige für die Weiterführung des Auftrages ausbilden).

Markus betont die Ausbreitung – das Evangelium der *ganzen Schöpfung* predigen.

Lukas betont die *Botschaft*, die verkündigt werden soll: das Leiden Christi und Seine Auferstehung; die Buße des Menschen und die Vergebung durch Gott.

Johannes betont, dass die mit dem Befehl Beauftragten *Gesandte* sind. Dafür ist Christus das Vorbild.

Apostelgeschichte betont besonders die *Kraft* des Heiligen Geistes beim Zeugnis.

Vielleicht könnten diese fünf Punkte folgendermaßen zusammengefasst werden (die Schlüsselworte sind kursiv gesetzt): Wir sind mit der *Botschaft* zu *allen Menschen gesandt* und *machen Jünger* in der *Kraft* des Geistes. In allem ist der Befehl enthalten, dem du gehorchen musst.

Du kannst sofort mit dem Missionsfeld vor deiner Haustür beginnen. Deine Nachbarschaft, das Geschäft, das Büro oder die Schule ist der Ort, wo du anfangen sollst, wobei du gar nicht erst auf eine »bessere« Gelegenheit zu warten brauchst.

Einmal fragte ein Christ den Herzog von Wellington, einen berühmten englischen General und Kommandeur der englischen Streitkräfte in der Schlacht von Waterloo, ob er glaube, dass es überhaupt sinnvoll sei zu versuchen, die Hindus in Indien zu bekehren. Der Herzog antwortete, ganz seinem militärischen Blickwinkel entsprechend: »Wie lautet Ihr Marschbefehl?«

Reagiere auf die Liebe des Sohnes Gottes

Nachdem wir nun diese biblischen Appelle, an der Weltmission mitzuarbeiten, kurz betrachtet haben, wurde deutlich, dass sie sich an die drei Grundelemente der menschlichen Persönlichkeit wenden, das Gefühl, den Verstand und den Willen. Der vierte Appell, den wir in der Schrift finden, schließt die drei anderen ein, und wendet sich somit an die gesamte Persönlichkeit eines Menschen. Am deutlichsten wird er in 2. Korinther 5,14.15 zusammengefasst: »Denn die Liebe Christi drängt uns, da wir zu diesem Urteil gekommen sind, dass einer für alle gestorben ist und somit alle gestorben sind. Und für alle ist er gestorben, damit die, welche leben, nicht mehr sich selbst leben, sondern dem, der für sie gestorben und auferweckt worden ist.« Dieser Appell richtet sich an unser Herz, an unser ganzes Wesen. Die Begründung dieses Appells ist die Liebe, die vom Sohn Gottes am Kreuz von Golgatha ausging. Die Liebe Christi drängt uns (wörtlich »ergreift uns«). Wenn du von der Retterliebe Christi auf Golgatha ergriffen wirst, kannst du gar nicht anders als so darauf zu antworten, wie Paulus es tat: »Damit wir von nun an nicht mehr für uns selbst leben, sondern für Ihn, der für uns starb.«

Hier finden wir das höchste und edelste Motiv für Mission – die Liebe Christi. Wenn Seine Liebe dein Herz ergriffen hat, dann bist du gezwungen, das weiter zu sagen. Ihn lieben, heißt seine Gebote halten. Dem kannst du nicht entrinnen.

Es gibt kein höheres Motiv, keinen dringenderen und stärkeren Beweggrund für Mission als die Liebe Christi. Paulus brachte uns die Liebe Christi in ihren vier unendlichen Dimensionen nahe (Eph. 3,18). Zwei dieser Dimensionen, die Länge und die Breite, beinhalten die gesamte Fläche der Erde. Das ist natürlich Mission: Seine Liebe – durch uns – an die ganze Welt. Wenn wir von Seiner Liebe angetrieben werden, dann ist kein Ort zu weit entfernt, kein Klima zu unangenehm und kein Opfer zu groß. Wenn Seine Liebe die Antriebskraft ist, dann zählt nichts anderes, außer Ihm zu gefallen.

Zusammenfassend soll daran erinnert werden, dass die vierfache Motivation für Mission, die wir im Neuen Testament betrachtet haben, sich im Leben des Herrn Jesus Christus widerspiegelt. Zuerst wurden Seine Gefühle berührt, als Er die große Volksmenge wie Schafe ohne Hirten sah (Mt. 9,36). Tränen flossen über Seine Wangen, als Er über den Unglauben Jerusalems weinte (Lk. 13,34). Sein Herz brach vor Kummer, dass sie die »Zeit ihrer Heimsuchung« nicht erkannt hatten. Die Not der Welt durch die Sünde erregte Seine Gefühle und Er unternahm etwas. Zweitens wurde Sein Verstand angerührt durch die Menschen, die in der Finsternis lebten, denn Er kam bewusst in die Welt um zu suchen und zu retten, was verloren war (Lk. 19,10). Er hatte die Lösung für das große Problem der Menschen, welches durch die Sünde entstanden war. Drittens gehorchte Er mit Seinem Willen völlig dem ausdrücklichen Befehl Seines Vaters im Himmel. Er konnte sagen: »Siehe, ich komme, in der Buchrolle steht von mir geschrieben, um deinen Willen, o Gott, zu tun« (Hebr. 10,7). »Er war gehorsam bis zum Tod, ja zu Tod am Kreuz« (Phil. 2,8).

Nicht zuletzt wird seine Liebe darin offensichtlich, wie Er selbst auf die Liebe Seines Vaters reagiert. Er konnte sagen: »Wie der Vater mich geliebt hat, habe auch ich euch geliebt« (Joh. 15,9). Er glich dem hebräischen Sklaven, der seinen Herrn lieb gewann und der sagte, als er die Freiheit wählen konnte: »Ich liebe meinen Herrn, ich will nicht frei sein« (2. Mo. 21,5). Wenn du genauso wärest wie der Herr Jesus, dann würden deine Gefühle, dein Verstand, dein Wille und dein Herz auf die Liebe reagieren, mit der Gott eine sterbende Welt liebt. »Wie der Vater mich ausgesandt hat, sende ich auch euch« (Joh. 20,21).

Fragen für Studium und Diskussion zu Lektion 2:

1. Wie weit sollten Gläubige gehen, um den physischen Bedürf-
    nissen der Menschen zu dienen? In welchem Ausmaß (wenn
    überhaupt) gehört das mit der Verkündigung des Evangeliums
    zusammen? Sollte sich das Geben der Christen nur auf die di-
    rekte Verbreitung des Evangeliums beschränken?

2. Was ist deine Reaktion auf den bedauernswerten Zustand vieler
    Menschen heutzutage? Erörtert die Bedeutung der Gefühle für
    die Mission.

3. Wie ist deine Haltung zu Mission im Licht des biblischen Ap-
    pells an deinen Verstand? Überlege die verschiedenen Möglich-
    keiten, wie du *vernünftig* reagieren könntest.

4. Studiert und diskutiert die verschiedenen Schwerpunkte des Mis-
    sionsbefehls.

5. Notiere, wie die Liebe Gottes und die Liebe Jesu dich zu Missi-
    on motiviert.

6. Wie sollten wir den Herrn Jesus Christus als Beispiel für Missi-
    on nachahmen?

3   Der individuelle Ruf in die Mission

Wenigen Themen aus dem Bereich Mission wird so viel Aufmerksamkeit gewidmet wie »Die Berufung in die Mission«. Und wenige unterliegen so vielen Irrtümern. Die meisten Christen haben großes Interesse dafür, weil es hier um den Plan Gottes für ihr Leben geht. Beinahe jeder Mensch, der an Gott glaubt, hätte gerne irgendwann einmal Einblick in Gottes Pläne für sein Leben, egal ob er wirklich daran interessiert ist, geistlich darauf zu reagieren. Sogar Ungläubige versuchen alles mögliche, um den »göttlichen Plan« für ihr Leben herauszufinden, angefangen vom Horoskop bis zur Kristallkugel. Aber für den Christen ist Gottes Plan nicht so einfach wie das Lesen eines Terminkalenders. Der »Ruf Gottes« ist keine Stimme, die um Mitternacht vom linken oberen Eck des Schlafzimmers ertönt und Anweisungen gibt für den Ort oder die Art und Weise des zukünftigen Dienstes. Dieser Ruf wird eher mit dem Herzen vernommen als mit den Ohren und deshalb sind viele verwirrt. Wir haben viele Fragen, und hoffen auf Antworten im Hinblick auf Zeitpunkt und Ort, z.B.: »Wann soll ich gehen, wohin soll ich gehen?« Aber Gottes vordringlichen Anliegen befassen sich eigentlich nicht mit Uhren oder Landkarten, sondern eher mit Beziehungen – daher die Verwirrung.

Der Ruf Gottes wird oft mit einem gefühlsgeladenen Treffen verbunden, wobei die verzweifelte Lage eines im letzten Winkel der Welt lebenden Stammes dargestellt wird. Dann geht ein Aufruf an jeden, der von dem Bericht bewegt ist, sich Gott als Antwort auf den »Ruf« zur Verfügung zu stellen. Dadurch entsteht der Eindruck, dass jeder, dessen Gefühle durch diese Präsentation angesprochen werden, von Gott berufen ist. Ich befürchte, dass durch solch eine Vorgangsweise viel Unheil angerichtet worden ist, da dadurch unsere Bereitschaft, auf eine emotionale Situation zu reagieren, mit dem tatsächlichen Ruf Gottes gleichgesetzt wird.

Hinzu kommt die Verwirrung, welche durch die unreifen Zeugnisse junger Christen gestiftet wird, die (unter viel Beifall) öffentlich bekannt geben, dass Gott sie für eine bestimmte Aufgabe berufen hätte, aber innerhalb kurzer Zeit kann man dann beobachten, dass sie eine ganz andere Richtung einschlagen.

Die Situation wird noch konfuser, wenn Prediger und Missionare andeuten, dass der Ruf Gottes etwas Aufregendes und Mysteriöses sei. Das gibt dem Ganzen einen »charismatischen« Touch, der vom Gefühl abhängig ist. Es führt andere, die noch nie das aufregende Gefühl von einer Berufung hatten, dazu, dass sie meinen, Gott hätte für sie keine spezielle Aufgabe und sie müssten sich nicht mit dem Thema der Mission auseinander setzen. Gelegentlich sagt jemand, dass er sich »berufen fühlt« und das Ergebnis davon ist, dass dieses »Gefühl« dann auch schon alles war, was er jemals hatte.

Neuerdings wird von Autoren, welche über Mission schreiben, eine Überprüfung der modernen Methode der Rekrutierung von Missionaren gefordert. Diese Methode kann man als Freiwilligensystem bezeichnen. Dabei werden die Kandidaten, die sich freiwillig zur Verfügung stellen, für den missionarischen Dienst ausgesucht. Es werden Leute aufgerufen, und junge Menschen antworten darauf. Daraus folgt nicht automatisch, dass diejenigen, welche sich gleich melden, auch die am besten qualifizierten für diesen Dienst sind. Meistens sind das die gefühlsmäßig sensibelsten Menschen. Diese Neigung zur emotionalen Sensitivität mag sie zu den am wenigsten geeigneten Personen für einige der speziellen Aufgaben machen. Diese Autoren wünschen, dass wir uns bei der ganzen Angelegenheit, die die Berufung in die Mission betrifft, mehr an die Schrift halten – und sie haben völlig recht damit.

Was ist ein Ruf in die Mission?

In dieser Lektion wollen wir uns nicht mit dem allgemeinen Ruf Gottes zum Dienst auseinander setzen, der an jeden Gläubigen ergeht. Dieser allgemeine Ruf wird in der Schrift genau beschrieben und richtet sich gleichermaßen an jeden gläubigen Christen. Nachlässigkeit hierin ist nichts anderes als Ungehorsam gegenüber Gott. Der Ruf, den wir in dieser Lektion betrachten, ist Gottes Mittel, um einem Gläubigen zu zeigen, welche spezielle Aufgabe Er für ihn vorgesehen hat. Normalerweise gehört dazu auch, dass derjenige Mensch eine Aufgabe verlassen muss, um einen neuen Auftrag anzunehmen, wofür Gott diesen Menschen speziell zugerüstet hat. In der Mission kann das ein Ruf in einen überkulturellen Dienst sein, vielleicht auf einem anderen Kontinent. Da Mission sich meist in entlegenen Gebieten abspielt (wodurch Geld ein Faktor wird) und Mission unter Menschen stattfindet, die eine fremde Sprache sprechen (wobei die Zeit zum Erlernen ein wichtiger Faktor ist), nimmt dieser Ruf eine andere Größenordnung an als ein kurzer Auftrag, sich an die nächste Straßenecke zu stellen und das Evangelium zu predigen. Wenn man dabei Fehler macht, kann das zu emotionalen Problemen und finanziellen Verlusten führen. Daher ist es von größter Wichtigkeit, sicher zu sein, dass ein Ruf auch wirklich von Gott ist.

Wenn wir von der Art und Weise eines Rufes Gottes an einen Menschen sprechen, dann sprechen wir natürlich über etwas Subjektives. Die Beziehung von Gott zu dem einzelnen Menschen spielt dabei eine wichtige Rolle. Die Wahrheit und Wirksamkeit dieses Rufes hängt einzig und allein von der geistlichen Sensibilität des eventuellen Missionars ab. Geistliche Sensibilität hängt von der Reife eines Christen ab. Die echten Berufungen werden von den Menschen verstanden, die geistlich am reifsten sind. Geistliche Reife ist die Grundlage des Ganzen.

Biblische Überlegungen

Im Neuen Testament werden eine Anzahl von Menschen dazu aufgerufen, ihr früheres Leben zu verlassen und dem Herrn in ein Leben zu folgen, welches man »vollzeitlichen Dienst« nennt. Petrus und sein Bruder Andreas wurden dazu aufgefordert, dem Herrn Jesus zu folgen (Mt. 4,18.20). Jakobus und Johannes hörten ebenfalls diesen Ruf und auch sie folgten Ihm (Mt. 4,21.22). Für diese Männer geschah dies nicht aus heiterem Himmel. Einige Monate bevor sie den Herrn in Galiläa trafen, hatten sie den Fürst des Lebens bereits kennen gelernt und waren aufgefordert worden, Ihm zu folgen (Joh. 1,36-45). Der Ruf, der an diese Jünger erging, wurde über einen gewissen Zeitraum hinweg immer deutlicher.

Auch Paulus, das Vorbild für einen Missionar, war ein Mann, der von Gott berufen worden war. Zunächst wurde sein Ruf einem Jünger namens Ananias in Damaskus offenbart. Gott teilte Ananias über Paulus Folgendes mit: »Dieser ist mir ein ausgewähltes Werkzeug, meinen Namen zu tragen sowohl vor Nationen als auch Köni-

ge und Söhne Israels« (Apg. 9,15). Ananias könnte dem neubekehrten Saulus von diesem Plan Gottes erzählt haben, aber die Bibel
berichtet darüber nichts im Einzelnen. Das nächste Mal lesen wir
in der Apostelgeschichte von der Berufung des Paulus einige Jahre
nach dem Ereignis auf dem Weg nach Damaskus. Diesmal trifft
sich Paulus mit anderen Leitern zum Beten und Fasten in der wach-
senden Gemeinde in Antiochia. Während dieses Treffens verkünde-
te ihnen der Heilige Geist: »Sondert mir nun Barnabas und Saulus
zu dem Werk aus, zu dem ich sie *berufen* habe« (Apg. 13,1-4). Dies
war ein ganz bestimmter Ruf für bestimmte Männer (Paulus und
Barnabas) für eine bestimmte Aufgabe. Beachte dabei, dass auch
andere Glieder der Gemeinde an dieser Berufung beteiligt waren,
und dass er die Fortführung einer Berufung war, die schon einige
Jahre vorher begonnen hatte. Dasselbe Wort wird auch in Apostelgeschichte 16,10 gebraucht. In diesem Abschnitt wird Paulus klar,
dass Gott ihn berufen hatte, das Evangelium in Mazedonien zu verkünden, nachdem er in einer Vision das Gesicht eines Mannes aus
dieser Provinz gesehen hatte. Apostelgeschichte 13 und 16 sind die
einzigen beiden Stellen im Neuen Testament, wo das Wort »Berufung« in Bezug auf einzelne Personen gebraucht wird.

Was gehört zu einem Ruf in die Mission?

Es wurde oft gesagt: »Die Not beinhaltet den Ruf.« Trotzdem muss
ich wissen, um welche Not es geht, denn es gibt so viele Nöte, die ich
sicherlich nicht erfüllen kann. Beinahe jeder Missionar ist der Meinung, dass genau sein Missionsfeld dasjenige mit den momentan
dringendsten Bedürfnissen ist. Nicht einmal dieser Ruf bedeutet, dass
Gott alle, die davon gehört haben, dazu aufruft, ihre Koffer zu pa-
cken. Das Problem des Rufes, der an den Einzelnen ergeht, kann nicht
so einfach gelöst werden. Wir haben schon erwähnt, dass man auf
mystische Eingebungen oder Erfahrungen nicht vertrauen kann. Wie
also kann ein gläubiger Christ den Ruf Gottes für seine eigene Laufbahn begreifen (wo, und wie er seinen Dienst tun soll)?

Die folgenden Richtlinien sollen deinen Überlegungen Hilfestellung
geben:

Unterwirf dich Jesus Christus als deinem Herrn (Röm. 12,1.2). Wenn
Er wirklich Herr ist, dann wirst du gerne jede Aufgabe übernehmen

und jedem beliebigen Ruf folgen. Die Bereitschaft jedem Befehl zu folgen, welcher Art er auch immer sei, ist die Voraussetzung dafür, dass man überhaupt einen Befehl bekommt.

Gehorche jedem Teil von Gottes Willen, den du aus dem Wort Gottes kennst. Es wird kein zusätzliches Licht gegeben, wenn man dem Licht, welches jetzt leuchtet, nicht gehorcht.

Besorge dir Informationen über Mission. Gott wird dich nicht in Gebiete und zu Menschen führen, von denen du noch nie etwas gehört hast. Information ist nötig für die Führung.

Sei sensibel für die Führung des Heiligen Geistes. Dies ist das Wichtigste beim Ruf in den Dienst, denn der Ruf wird dir letztlich immer vom Heiligen Geist übermittelt. Er hängt unmittelbar von deiner Gemeinschaft mit dem Herrn ab, von der Nähe, die du zu Ihm hast. Der Heilige Geist ist eine Person, nicht ein Einfluss. Ihm kann man vertrauen und Ihn kann man lieben. Er führt, aber Er führt diejenigen Menschen am besten, deren geistliche Fähigkeit hoch entwickelt sind. Die »Stimme«, die ruft ist genau so wie die, welche Elia hörte »eine ganz leise Stimme«, und sie kann nur von den Menschen gehört werden, die sich vom »Lärm der Welt« abgewandt haben.

Bestätigung durch die örtliche Gemeinde. Die örtliche Gemeinde sollte beim Ruf Gottes eine weit größere Rolle spielen als es normalerweise der Fall ist. Tatsächlich wird die örtliche Gemeinde oftmals übersehen oder sogar ignoriert. Da gibt es Menschen, die handeln so, als ob sie das alleinige Recht gepachtet hätten, den Willen Gottes für Seinen Dienst zu kennen. Allerdings können wir anhand von Beispielen in der Bibel ganz eindeutig erkennen, dass die örtliche Gemeinde beim Ruf des Einzelnen in den Dienst eine zentrale Rolle spielt. Betrachten wir die Rolle der Gemeinde bei diesen Berufungen:

* Barnabas wurde von der Gemeinde in Jerusalem nach Antiochia *ausgesandt*, auf Beschluss der *Ältesten von Jerusalem*, die ihn für den geeigneten Mann für diese Aufgabe hielten (Apg. 11,22ff).

* Paulus und Barnabas wurden erwählt, während die *Ältesten von Antiochia* sich zum gemeinsamen Gebet versammelt hatten.

Während dieses gemeinsamen Wartens, den Willen Gottes zu erkennen, wurde ihnen allen die Botschaft der Mission mitgeteilt (Apg. 13,1-4).

- Silas wurde für die zweite Missionsreise ausgewählt und sie wurden gemeinsam »*von den Brüdern* der Gnade Gottes empfohlen« (Apg. 15,40).

- Timotheus wurde für die Mission als geeignet empfunden und »er hatte ein *gutes Zeugnis von den Brüdern* in Lystra und Ikonium« (Apg. 16,2.3).

In allen vier Beispielen, welche in der Apostelgeschichte vorkommen, können wir die *herausragende Rolle erkennen, welche die Leiter der örtlichen Gemeinden spielen.*

Demnach ist es biblisch, zu behaupten, dass Gott den Einzelnen ruft und den Ruf durch die örtliche Gemeinde bestätigt. Im Neuen Testament wird uns bestimmt keine eigenmächtige Vorgangsweise vor Augen geführt. Viel zu viele junge Christen meinen, dass ihre eigene Interpretation des »Rufes Gottes« von der Gemeinde nicht in Frage gestellt werden dürfe.

Das biblische Vorbild zeigt uns aber, dass die Initiative von der Gemeinde ausgehen sollte und nicht von dem Bewerber, der sich »berufen« fühlt. Wie wir in Apostelgeschichte 13 lesen können, waren es die Ältesten, und nicht die zukünftigen Missionare, die den Ruf des Heiligen Geistes vernahmen: »Sondert mir Barnabas und Saulus aus für die Aufgabe, zu der ich sie berufen habe.«

Diese enge Verbindung zwischen der örtlichen Gemeinde und den Missionsbewerbern ist während des letzten Jahrhunderts vollkommen verloren gegangen; es unterliegt den Missionsgesellschaften und Missionsausschüssen den Ruf zu bestätigen und die neuen Kandidaten für die Mission zu prüfen und auszuwählen. In den letzten Jahren haben einige prominente Schriftsteller, die über Mission schreiben, dazu aufgefordert, der örtlichen Gemeinde wieder das Recht zur Auswahl und Aussendung der Missionare zu gewähren, gemäß der Rolle, die sie in der Bibel innehatte. Dies bedeutet die Rückkehr zu den Prinzipien des Neuen Testaments.

Wie wird der Ruf vernommen?

Wenn der Gläubige gemäß den schon erwähnten Prinzipien mit Gott lebt, dann wird er früher oder später die Gewissheit haben, dass Gott über einen konkreten Plan des Dienstes zu ihm spricht. Wenn dieses Bewusstsein von Gott ist, dann werden Bestätigungen von außen kommen – von den Ältesten der örtlichen Gemeinde, vom Wort selbst und durch äußere Umstände. Dann kann, mit dem von Gott geschenkten Frieden im Herzen, der nächste Schritt in Angriff genommen werden. *Passivität* und *Warten* haben ein Ende und verwandeln sich in *Aktivität* und *Vorangehen*. Selten passierten diese Dinge plötzlich oder dramatisch. Jeder individuelle »Ruf« unterscheidet sich vom anderen und wird niemals identisch sein. Die Aktion wird Schritt für Schritt von Gott selbst geführt und ist exakt auf die Bedürfnisse und Möglichkeiten eines jeden Einzelnen oder eines Ehepaares abgestimmt.

Das wird natürlich durch intensive Herzensübung vor Gott im Gebet begleitet – das sollte immer die Haltung eines wahren Gläubigen sein. Den Ruf zu vernehmen ist demnach eine geistliche Erfahrung, welche man in seinem Herzen fest macht und die später bestätigt wird. Gottes Wege führen normalerweise vom Allgemeinen zum Konkreten.

Die Erfahrung von Jim Elliot

Wir empfehlen als Lektüre dringend das Buch von Elisabeth Elliot »Im Schatten des Allmächtigen« (CLV, 1991). Dieses Buch beschreibt auf einzigartige Art und Weise den Glaubensweg eines außergewöhnlichen jungen Mannes, sein Wachstum an Weisheit und in der Gnade Gottes, und wie er von Gott berufen wurde, als Missionar zu den Eingeborenen in Ecuador zu gehen. Hier einige Zitate aus dem Buch zum besseren Verständnis des »Rufes«:

Zitate aus »Im Schatten des Allmächtigen«

15. März 1947 (Wheaton College)
»Die Missionsvereinigung für Studenten besucht alle christlichen Studentengruppen in der Nähe ... ich weiß nicht, wann ich jemals so viel Freude im Herzen hatte ... ich sprach über den Heiligen Geist und Mission« (S. 39).

Sommer 1947
»Er begann einen Einsatz im Missionsfeld zu planen, wann immer
Gott ihn führen würde. Den ersten praktischen Schritt in diese Richtung unternahm er im Sommer 1947, als er mit seinem College-
Kameraden Ron Harris nach Mexiko trampte, wo dessen Eltern
Missionare waren ... Er schrieb seinen Eltern am 23. Juni: ... Mexiko hat mein Herz gestohlen ... Während seiner Rückreise nach Ore-
gon zweifelte Jim keinen Moment daran, dass Gott ihn nach Lateinamerika rief. Er wollte zu den Menschen gehen, die noch nie
von Gott gehört hatten« (S. 42 und 43).

Januar 1948
»Unsere jungen Leute gehen hinaus ins Berufsleben, weil sie sich
nicht aufs Missionsfeld gerufen fühlen. Wir brauchen keinen Ruf,
wir brauchen einen Tritt in den Hintern« (S. 55).

Oktober 1948
»Gestern betete ich darum, dass Gott mich vor dem nächsten 8.
Oktober nach Peru oder Brasilien senden würde« (S. 74).

November 1948
»Ich fühle die Verantwortung, bei der Studentenmission an der
Universität von Illinois mitzuhelfen ... Ich habe keine besondere
Last für die Arbeit unter Moslems, besonders wenn es sich um das
unerreichte Indien dreht. Er aber weiß es und ich warte« (S. 80).

Dezember 1948
»Gott hat für mich genau das getan, worum ich diese Woche gebetet
hatte. Nun weiß ich mit ziemlicher Sicherheit, dass der Bestim-
mungsort meiner missionarischen Tätigkeit die Stämme im süd-
amerikanische Dschungel sein werden ... Meine Entscheidung wurde
durch das Zusammentreffen mit einem Eingeborenen aus dem bra-
silianischen Dschungel bestätigt ... es gab keine Stimmen, keine
Bibelverse, nur den unendlichen Frieden einer richtigen Entscheidung« (S. 96).

Dezember 1949
»Ich stehe in enger Verbindung mit zwei Missionaren; der eine ist
Wildred Tidmarsh aus Ecuador, dessen Frau bei einem Flugzeugun-
glück verletzt wurde. Er musste eine gut etablierte Missionstätig-

keit unter den Ketschua Indianern verlassen; der andere ist Rowland Hill aus Bangalore in Indien. Beide Missionsfelder sind für mich
ungeheuer interessant ...Wie soll man sich entscheiden, wenn man
gerne beides tun würde und auch die Fähigkeiten für beide Aufgaben besitzt?« (S. 121).

16. April 1950
»Keine Führung was das Missionsfeld betrifft« (S. 137).

20. April 1950
»Ich bat um Führung für meinen Aufenthalt am Sommer Institut
für Linguistik« (S. 138).

Juni 1950
(Im Sommer Institut) »Jim bekam Informationen von einem ehe-
maligen Missionar bei den Ketschua in Ecuador. Dieser Missionar
erzählte Jim als Erster von den Aucas. Jim war sofort Feuer und
Flamme ...«

»Sollte er statt nach Indien nach Ecuador gehen? Jim beschloss,
sich eine 10-tägige Frist zu setzen um Gott im Gebet um eine
Antwort zu bitten« (14. Juli, 10 Tage später). 2. Mose 23,20 wurde
von großer Bedeutung für ihn: »Siehe, ich sende einen Engel vor
dir her, damit er dich auf dem Weg bewahrt und dich an den Ort
bringt, den ich (für dich) bereitet habe ... Höre auf seine Stimme.«
Jim nahm diesen Vers als Bestätigung seines Informanten und dafür, die Herausforderung in Ecuador anzunehmen. Dieser Vers wurde zusätzlich durch den Brief eines befreundeten Missionars in
Afrika bestätigt, der während dieser zehn Tage speziell für Jim gebetet hatte.

Er schrieb seinen Eltern Folgendes: »Täglich wächst in mir die Sicherheit, dass dies der Wille Gottes für mich ist. Dies geschieht
nicht durch großartige Ereignisse, sondern durch kleine unschein-
bare Dinge« (S. 141).

WAS DURCH JIMS ZEUGNIS OFFENSICHTLICH WIRD:

Seine Berufung erfolgte nicht plötzlich oder dramatisch, sondern
war das Resultat eines Lebens mit seinem Herrn.

Seine Berufung war anfangs allgemein und wurde nach und nach immer konkreter und detaillierter.

Er entschied sich nicht in Bezug auf die geographische Lage seines Dienstes, bis dies notwendig war.

Gott gab ihm die eindeutige Sicherheit als es notwendig war.

Er war den Forderungen des Herrn Jesus Christus gehorsam. Er gehorchte Gottes Willen in allem, was er erkannte. Er informierte sich ständig über die Möglichkeiten zur Mission und war offen für die Führung des Heiligen Geistes. Er wurde durch seine Ratgeber in der Gemeinde bestätigt, als die Geschichte ihren Fortgang nahm. »Wenn Gott mich ruft, sollte ich dann nicht darauf hören?«

Fragen für Studium und Diskussion zu Lektion 3:

1. Erkläre den Unterschied zwischen dem »allgemeinen« Ruf Gottes, der jeden Gläubigen zum Dienst aufruft, und dem »speziellen« Ruf, in welchem Er den individuellen Zweck für das Leben eines Gläubigen enthüllt.

2. Studiere eingehend den Ruf zum »vollzeitlichen Dienst«, der an die Menschen erging, welche im Text als Beispiel angeführt sind. Erinnerst du dich an Beispiele aus dem Alten Testament?

3. »Die Not beinhaltet den Ruf« – Erläutere deine Meinung dazu.

4. Was macht einen Ruf in die Mission aus? Definiere den Begriff »Berufung«. Notiere das für und wider deiner Definition.

5. Zeige auf, wie ein Gläubiger den Ruf Gottes für seine Laufbahn praktisch erkennen kann.

6. Welche Rolle sollte die örtliche Gemeinde in Betracht eines individuellen Rufes Gottes übernehmen? Nenne Beispiele aus dem Neuen Testament. Notiere und sprich über deine Erfahrungen.

7. Wie hört man den Ruf Gottes?

8. Ist Jim Elliots Erfahrung, den Ruf Gottes genau zu erkennen, typisch für alle Gläubigen, die aufs Missionsfeld gerufen wurden? Zeige verschiedene Aspekte dazu.

9. Untersuche die Erfahrungen anderer Missionare und sprich über die Hauptfaktoren, die beim Verstehen des Rufes eine Rolle spielten. Stimmen einige dieser Faktoren überein und kann man sie verallgemeinern?

4 Die Eigenschaften des wirksamen Missionars

Missionarische Pionierarbeit ist die härteste, anstrengendste Arbeit der Welt. Diese Arbeit eignet sich sicherlich nicht für Menschen, die nicht genau wissen, was sie sonst tun sollten. Auch nicht für jeden, die gerade eben drei Jahre Bibelschule hinter sich gebracht hat. Auch sollte man nicht meinen, dass sich jeder muskulöse Christ für die Missionsarbeit eignet, auch wenn er keine akademischen Fähigkeiten hat. Ich glaube, dass die Missionsarbeit die Arbeit ist, die die größten körperlichen, geistigen, gefühlsmäßigen und sozialen Ansprüche an einen Menschen stellt. Es ist wahr, dass nicht alle Missionsaufgaben diese Ansprüche in gleicher Höhe stellen, aber allgemein gesagt sucht Gott nach den am besten ausgerüsteten und am besten vorbereiteten Menschen für diese wichtigste Aufgabe der Welt. In dieser Lektion sollst du einige der Eigenschaften des Missionars, den Gott gebraucht, genau untersuchen und sie im Leben von Paulus, dem Vorbild des Missionars, erkennen.

Die Eigenschaft der Liebe

Die vielleicht wichtigste Eigenschaft, die ein Missionar haben muss, ist Liebe. Liebe bedeckt nicht nur viele Sünden, sondern auch viele kleine Vergehen. Ein Missionar, der wahrhaftig liebt, mag kein intellektueller Riese sein oder körperlich ein Mr. Universum. Er kann trotzdem ein guter Diener Jesu Christi sein, weil er die Menschen liebt. Ich spreche hier nicht von Liebe als ein Gefühl. Gefühlsmäßige Liebe wird hervorgerufen von anrührenden Bildern, traurigen Geschichten und gefühlsgeladenen Situationen. Aber Gefühl hält unter Druck nicht stand. Es kann leicht zusammenbrechen, wenn du z.B. mitten in der Nacht durch beharrliches Klopfen geweckt wirst und zur Geburtshilfe gerufen wirst, oder wenn der einheimische Evangelist dich zum vierzehnten Mal innerhalb der letzten sechzehn Tage um 18.00 Uhr um ein Gespräch bittet, obwohl er genau weiß, dass du dich genau dann mit der Familie zum Abendessen setzt. Gefühle brechen zusammen, wenn dir solches schwer verstehbares Verhalten auf die Nerven geht.

Aber »Agape«-Liebe (die Liebe, die sich selbst für andere hingibt, wozu Gefühle nicht unbedingt notwendig sind), hält diesem Druck stand. Wo diese Liebe da ist, wo also die Liebe Christi von einem Missionar ausstrahlt, da beginnen sich Dinge zu verändern. Kulturelle Barrieren beginnen zu fallen, deine Unzulänglichkeit in der Sprache wird überbrückt und die Kommunikation mit anderen Menschen wird verbessert. Deine unbequeme Situation wird ertragbar und deine Entfernung zu anderen Menschen nimmt ab. »Die größte ... ist die Liebe« (1. Kor. 13,13).

Die Briefe des Paulus an die Gemeinden, die durch Mission entstanden sind, sind gekennzeichnet von seiner Liebe. Einige Zitate sollen dies illustrieren: »Denn aus viel Bedrängnis und Herzensangst schrieb ich euch mit vielen Tränen, ... damit ihr die Liebe erkennen möchtet, die ich besonders zu euch habe« (2. Kor. 2,4). »Ich will aber sehr gern (alles) aufwenden und mich aufopfern für eure Seelen. Wenn ich euch (also) noch mehr liebe, werde ich (dann) weniger wiedergeliebt?« (2. Kor. 12,15). »... bitte ich doch vielmehr um der Liebe Willen« (Phlm. 9). Genauso, wie wir es am Beispiel von Paulus sehen können, muss der Missionar von heute von der Liebe gekennzeichnet sein. Die Liebe ist die wichtigste Eigenschaft, die ein Missionar aufweisen muss, den Gott gebraucht. Wenn du nicht diese aufrichtige Liebe zu den Menschen besitzt, zu denen du als Missionar gerufen worden bist, dann solltest du besser die Finger davon lassen und nach Hause fahren.

Die Eigenschaft der rechten Gesinnung

Wir leben in einer Zeit, in welcher rassistische Spannungen zwischen den Völkern wieder ansteigen. Die Menschen neigen dazu, ihre eigene Kultur und Nationalität für die Beste zu halten. Sie neigen dazu auf andere herunterzuschauen. Dies trifft besonders auf den westlichen Missionar zu, der in ein Dritte-Welt Land geht. Der sogenannte Fortschritt seiner eigenen Kultur kann oft dazu führen, dass er andere nach diesem Maßstab beurteilt. Überlegenheitsgefühle kommen auf wobei sich Ärger und Frustration gleichzeitig einstellen. Der Herr Jesus lobte die Gesinnung des Dieners. »Denn auch der Sohn des Menschen ist nicht gekommen, um bedient zu werden, sondern um zu dienen und sein Leben zu geben als Lösegeld für viele« (Mk. 10,45). Die Bereitschaft zu dienen ist heutzutage eine der wichtigsten Eigenschaften eines Missionars.

»Ein jeder sehe nicht auf das Seine, sondern ein jeder auch auf das der anderen! Habt diese Gesinnung in euch, die auch in Christus Jesus war ... (er) nahm Knechtsgestalt an ...« (Phil. 2,4-7).

Die dienende Haltung des Paulus ist eine seiner herausragenden Charaktereigenschaften und zeichnet sein Leben als vorbildlichen Missionar aus. In der vertikalen Beziehung zum Herrn sah er sich selbst als einen Diener Jesu Christi (Röm. 15,16; Apg. 26,12). In der horizontalen Beziehung zu anderen Gläubigen und den Gemeinden, die er gegründet hatte, betrachtete er sich als ihr Sklave um des Herrn Willen (2. Kor. 4,5).

Die Eigenschaft des guten Verstandes

Gott sucht nach Menschen mit scharfem Verstand und disziplinierter geistiger Haltung, um sie in Seinem Dienst in der ganzen Welt zu gebrauchen. Manch einer möchte meinen, dass ein Missionar, der in einer sogenannten »primitiven Kultur« arbeitet, keinen so hohen geistigen Standard benötigt wie jemand, der in seinem eigenen Land Gott dient. Diese Annahme ist von der Wahrheit weit entfernt. Eine fremde Sprache zu erlernen, andere Kulturen zu verstehen und sich mit den Menschen dieser Kulturen sinnvoll zu verständigen, das Wort Gottes zu lehren ohne die vielen Hilfsmittel, deren man sich im Deutschen bedienen kann, all das erfordert einen seltenen Grad an geistigen Fähigkeiten.

Heutzutage wird in der Mission auf hoch ausgebildete Menschen Wert gelegt. Viele missionarische Gegebenheiten erfordern den Abschluss einer namhaften Hochschule oder eine Fachausbildung in irgendeinem besonderen Bereich. Ein scharfer, gesunder Verstand wird für die Vorbereitung und später für die Arbeit auf dem Missionsfeld gefordert. Unterschätze nicht die Bedeutung eines klaren Verstandes.

Gott erwählte Paulus, unser Vorbild für Missionare, einen Mann mit einem brillanten und ausgebildeten Verstand. Kaum jemand wird bestreiten, dass er die herausragende Persönlichkeit im Neuen Testament darstellt. Er betonte wie wichtig es ist, den eigenen Verstand vom Heiligen Geist Gottes leiten zu lassen (Röm. 12,2; Eph. 4,23; Röm. 8,6; 2. Kor. 11,6).

Die Eigenschaft der Vielseitigkeit

Eine der wünschenswertesten Fähigkeiten, die ein potenzieller Missionar mitbringen sollte, ist die Vielseitigkeit. Jemand der sich mühelos an verschiedene, der Ehre Gottes dienende Situationen anpassen kann, ist die geeignete Person. Die nützlichste Gabe, die man bekommen kann, ist die Fähigkeit, seinen Kopf, seine Hände, seine Beine oder das Herz je nach den Erfordernissen wirkungsvoll einzusetzen.

Manche Menschen halten sich für Spezialisten in einer bestimmten Fähigkeit und haben Schwierigkeiten, sich auf andere Aufgaben einzustellen. Sie flüchten zu Argumenten wie z.B: »Ich kam als Krankenschwester hierher, warum sollte ich jetzt eine Frauenstunde leiten?« Dabei wird aber die Tatsache völlig außer Acht gelassen, dass Gott Menschen dazu beruft, Ihm nach Seinem Willen zu dienen. Vielseitigkeit und die Bereitschaft zur Vielseitigkeit sind sehr wertvolle Qualitäten.

Paulus war vielseitig genug, um »allen alles« zu werden. Er war so anpassungsfähig, dass er genau wusste, welche Methoden er anwenden musste um sowohl Juden als auch Griechen, Schwache und Starke, Weise und Einfältige zu erreichen (1. Kor. 9,20-23). Vielleicht mag es für einige hilfreich sein, sich daran zu erinnern, dass sie grundsätzlich dazu da sind, Gott nach Seinen Anordnungen zu dienen und nicht, sich in einer speziellen Disziplin auszuzeichnen.

Die Eigenschaft geistlich zu sein

Nichts ist wichtiger als ein enger, beständiger Wandel mit Gott. Wenn jemand geistlich ist, wird jede wünschenswerte Fähigkeit verstärkt und jede unerwünschte geschwächt. Ein Mensch, der mit Gott geht, kann ohne Frustration nachgeben, kann sich anpassen ohne in die Luft zu gehen, kann eine schwierige Sprache lernen ohne dabei aufzugeben und er kann die Menschen einer fremden Kultur lieben und schätzen ohne zu versuchen, sie so zu formen wie er ist. »Wenn wir mit dem Herrn im Licht Seines Wortes wandeln, wie sehr wird er unseren Weg segnen.«

Für Paulus war die Geistlichkeit wichtiger als alles Andere. Er sehnte sich danach, dem Bild des Sohnes Gottes gleichgemacht zu werden (Röm. 8,29). Er wollte Christus sogar noch am Ende seines Lebens besser kennen lernen (Phil. 3,10). Seine Einstellung, seine Gedanken und Taten wurden von Gottseligkeit (Geistlich sein) bestimmt. Das soll nicht heißen, dass Missionare notwendigerweise die geistlichsten Menschen der Welt sind. Der Heiligenschein, den Enthusiasten sich oft bei ihnen vorstellen, leuchtet bei weitem nicht so hell wie es scheint. Missionare sind Menschen wie jeder andere auch, und sie müssen ihre Aufmerksamkeit ständig darauf richten, in Gemeinschaft mit Gott zu bleiben.

Vielleicht ist es hilfreich, sich daran zu erinnern, dass Gottes größtes Werk normalerweise in dem geschieht, der das Werk ausführt, nicht in seinem Werk selbst. Die geistliche Entwicklung des Missionars ist von größter Bedeutung und muss von Anfang an zu sehen sein.

Die geistigen Eigenschaften

Die Fähigkeiten des menschlichen Geistes sind wichtig. Wie könnten wir Werte wie Fröhlichkeit, Geduld, Humor und inneren Frieden überschätzen? Für jemanden, der weit entfernt ist von Brüdern und Schwestern, die Beistand leisten könnten wenn die Umstände gegen uns sind, ist die gefühlsmäßige Stabilität ein unbedingtes Erfordernis.

Auf all diese Qualitäten sollte man bei zukünftigen Missionaren achten. Natürlich wird es keinen geben, der fehlerlos ist, aber diejenigen, die in den über-kulturellen Dienst gehen wollen, sollten darauf achten, diese Fähigkeiten eines christlichen Charakters zu entwickeln um dem Herrn dienen zu können und Seine Herrlichkeit den anderen Völkern zu verkünden.

Als Paulus von den Früchten des Geistes sprach (Gal. 5,22.23), meinte er hauptsächlich die Qualitäten von denen hier die Rede ist: so wie Langmut, Freundlichkeit, Freude, Friede, Treue, Sanftmut, Enthaltsamkeit. Wo diese Eigenschaften vorhanden sind, kann man von einem wirkungsvollen Missionar sprechen. Paulus erwähnt genau diese Eigenschaften in seinem eigenen Leben während seiner Arbeit unter den Gläubigen in Thessalonich (1. Thess. 2,1-12). Und wieder ist er für uns ein leuchtendes Beispiel.

Die körperlichen Eigenschaften

Grundsätzlich sollten Missionare eine stabile Gesundheit aufweisen. Wenn sich weise Älteste mit jungen Menschen unterhalten, die den vollzeitlichen Dienst ins Auge gefasst haben, dann werden sie eine vollständige Untersuchung vorschlagen, um etwaige noch unerkannte Krankheiten festzustellen, die in Extremsituationen und weit weg von jeglicher Hilfe ernsthafte Probleme machen können. Auf manchen Missionsfeldern stellen körperliche Unzulänglichkeiten aber keine unüberwindlichen Hindernisse dar. Hier ist Weisheit vonnöten.

Bei der Pionierarbeit sind körperliche Ausdauer und Gesundheit überlebenswichtig. Allerdings spielt sich die meiste missionarische Arbeit am Ende des zwanzigsten Jahrhunderts in städtischer Umgebung ab. Unter diesen Umständen kann man schnell Hilfe holen und körperliche Schwächen sind kein großes Problem. Der zukünftige Missionar sollte seine Gesundheit in Hinblick auf seine Aufgaben untersuchen lassen.

Paulus hatte auch körperliche Probleme, die ihn nicht daran hinderten, Gott zu dienen. Man sollte sich Rat von Experten einholen, welche die Situation beurteilen können, und eine medizinische Untersuchung wird den Zustand der körperlichen Gesundheit zeigen.

Veränderung ist nötig

Kein zukünftiger Missionar wird mit 100% bestehen können, wenn er in allen Fähigkeiten geprüft wird, über die wir gesprochen haben. Kein Mensch ist vollkommen. Zusammengefasst sind das die idealen Qualitäten, die in einem Menschen gefunden werden, den Gott zu Seiner Ehre verwenden kann. Alle ernsthaften Christen werden zugeben, dass sie bedeutende Schwächen und Fehler haben. Darunter können durchaus hoffnungsvolle Missionare sein. Denn eine vorhandene Schwäche bedeutet nicht, dass sie niemals als Missionare in Frage kommen, oder dass Gott sie niemals auf dem Missionsfeld gebrauchen könnte. Es bedeutet, dass man an Fehlern arbeiten und sich verändern muss. Es heißt auch, dass Wachstum und Entwicklung aktiv in Angriff genommen werden müssen um dem Idealbild nahezukommen.

Zweifle nicht daran, dass eine Veränderung möglich ist. Keine einzige der erwähnten Qualitäten muss für immer so bleiben, wie sie ist. Jede kann verbessert werden. Auch sollte sich ein zukünftiger Missionar nicht durch Unzulänglichkeiten auf dem einen oder anderen Gebiet davon abhalten lassen, Gott in einer anderen Kultur zu dienen. Diese Eigenschaften sind Ideale, denen man beständig nachjagen sollte. Speziell für den Missionar sind sie wichtig, weil er ganz alleine einer unchristlichen Kultur gegenübersteht. Hier treten seine Schwächen viel mehr hervor als die eines Christen in seiner Heimat. Die Veränderung in Richtung dieser Ideale ist möglich, weil Gott dafür Vorsorge getroffen hat. Das wunderbare Wirken des Heiligen Geistes in deinem Leben macht es möglich, dass du dich veränderst und so dem Herrn Jesus Christus ähnlicher wirst (2. Kor. 3,18). Wenn sich diese Veränderung in deinem Leben auswirkt, wirst du besser für den missionarischen Dienst vorbereitet sein. Die Fähigkeit zur Veränderung ist wichtiger als dein momentaner geistlicher Stand.

Du wirst feststellen, dass es Unzulänglichkeiten in deinem Leben gibt. Ein geistlicher Führer könnte dir Mängel aufzeigen, die einen wirkungsvollen Dienst auf dem Missionsfeld hindern. Nun liegt es an dir, Mut zu fassen und von Gott Hilfe zu erbitten, um diese noch unreifen Qualitäten weiter zu entwickeln. Du musst dem Heiligen Geist erlauben, in deinem Leben die Führung zu übernehmen, um diese Problemzonen zu korrigieren. Seine innewohnende Gegenwart und Kraft ist mehr als ausreichend, um dich zu dem Menschen zu machen, zu dem Gott dich machen will. Du solltest dich nicht dazu verleiten lassen, den momentanen niedrigen Standard der geistlichen Erfahrung für gegeben hinzunehmen. Es zählt nicht die Stufe, auf der du im Moment stehst, sondern die Wachstumsrate zum Positiven ist wichtig. Gott möchte, dass du wächst.

Das geistliche Wachstum sollte gleichzeitig mit dem gesamten anderen Wachstumsprozess ablaufen. Ein Medizinstudent, der am Anfang seines Studiums steht, weiß nichts oder nur wenig von der Medizin. Was er am Anfang weiß, ist nicht wichtig. Aber die Zunahme von Wissen und Fähigkeiten im Lauf der Jahre ist von enormer Wichtigkeit. Im geistlichen Bereich solltest du also eines tun: Strecke dich aus nach dem, was vorn ist, schaue das Ziel an und jage hin zu dem Kampfpreis der Berufung Gottes nach oben in Chris-

to Jesu (Phil. 3,14). Sei nicht von deinem derzeitigen geistlichen
Stand entmutigt, solange du fleißig Fortschritt machst. Gott gebraucht gerne unscheinbar wirkendes Material um es zu Seinen
schärfsten Werkzeugen zu machen. Er benutzt die schwachen Dinge dieser Welt (1. Kor. 1,27).

Schritte zur Vervollkommnung

Als zukünftiger Missionar solltest du bewusste Schritte zur Vervoll-
kommnung deines Lebens und Charakters unternehmen. Deine
geistlichen Leiter mögen dich auf Schwachpunkte in deinem Charakter aufmerksam gemacht haben, die der Verbesserung bedürfen.
Bete dafür. Notiere Rückschläge und Siege. Bitte Freunde um Hilfe.
Vielleicht müssen einige deiner Fähigkeiten verbessert werden – be-
mühe dich bewusst darum, das zu lernen. Wenn Drucken, Zim-
mern oder Mauern dir helfen, Gott besser zu dienen, dann mache
sie zu deinem Handwerkszeug. Vielleicht ist es nötig eine Bibelschule zu besuchen um deinen Gebrauch vom Wort Gottes zu verbessern. Vielleicht braucht dein persönliches Glaubensleben, Gebetsleben und dein Zeugnis die Disziplin der wahren Jüngerschaft.
Die Hauptsache ist, dass konkrete Schritte unternommen werden
müssen, damit du der Mensch wirst, den Gott als Seinen Botschafter irgendwo in der Welt gebrauchen kann (1. Tim. 4,15). Fange
heute damit an.

Fragen für Studium und Diskussion zu Lektion 4:

1. Warum spielt die Eigenschaft der Liebe bei der Missionsarbeit eine so große Rolle?

2. Welche Einstellungen sollte ein Missionar mitbringen? Wie können falsche Einstellungen das Werk Gottes behindern?

3. Wie kann ein Training des Verstandes einen Gläubigen besser für den missionarischen Dienst ausrüsten? Kann ein Christ in einer Zeit, in der die Verbreitung des Evangeliums so dringend ist, Jahre des Studiums und der beruflichen Ausbildung rechtfertigen? Wie rechtfertigst du deine Ausbildung im Hinblick auf die Mission?

4. Warum sind Vielseitigkeit und die Bereitschaft dazu wertvolle Eigenschaften auf dem Missionsfeld?

5. Diskutiere die Behauptung »die Geistlichkeit der Gemeinden, die auf dem Missionsfeld gegründet wurden, ist abhängig von der Geistlichkeit des Missionars. Was ist »Geistlichkeit«?

6. Was zeichnet einen Christus-ähnlichen Geist aus?

7. Welche Faktoren bestimmen die körperliche Eignung für die missionarische Arbeit? Welche Arbeit können Missionare tun, die unter körperlichen und gesundheitlichen Einschränkungen leiden? Welche allgemeinen Regeln sollte man auf neue Missionare anwenden und warum?

8. Diskutiere die Behauptung »Fehler sind die Hintertür zum Erfolg«. Wie kannst du deine Fehler in Erfolg umwandeln?

9. Notiere auf welche Art und Weise du dich bemühst, die Eigenschaften zu entwickeln, die dich zu einem erfolgreichen Missionar machen würden.

5 Das Ziel Gottes und Sein Plan in der Mission

In vorhergehenden Lektionen haben wir die globale Sicht von Mission in der Bibel, die Motive für Mission, den Ruf Gottes und die Eigenschaften eines erfolgreichen Missionars betrachtet. In dieser Lektion wollen wir den Blick auf das Ziel, das Gott verfolgt, und auf den Missionsplan erweitern. Es genügt nicht, wenn man motiviert, berufen und qualifiziert ist. Wenn du ein erfolgreicher Missionar sein willst, dann musst du Gottes Willen tun und Seine Ziele erreichen. Das Ziel Gottes können wir in zwei Aspekte unterteilen – einen allgemeinen und einen persönlichen. Erstens gibt es das große Ziel Gottes, seinen allumfassenden Plan, der in diesem Zeitalter erfüllt wird. Zweitens geht es um die Rolle, welche du als Einzelner in diesem großen Plan spielen sollst. Der Zweck einer Fabrik ist es, einen bestimmten Artikel mit Hilfe von hunderten von Menschen herzustellen, die bis zur Fertigstellung des Artikels bei den verschiedenen Arbeitsgängen eine wichtige Rolle spielen. Ebenso gibt es das große Ziel, die ganze Welt zu evangelisieren wobei jeder einzelne Gläubige seine ganz individuelle Rolle dabei hat. Natürlich ist die Rolle, die jeder Einzelne spielt, kleiner als das Ziel, das dahinter steckt. Das Ziel ist wichtiger.

Es kann passieren, dass du dich so sehr auf deine kleine Rolle konzentrierst, dass du den Blick für das große Ziel Gottes verlierst – so wie der Mann, der vor lauter Bäumen den Wald nicht sah. Wenn du in deiner kleinen Rolle, die du spielst, erfolgreich sein möchtest, dann musst du dir des großen Planes bewusst sein, und deine Rolle darin erkennen. Es ist wichtig für dich, zu verstehen, was Gott in diesem Zeitalter tut, damit auch du deinen Beitrag dazu verstehen kannst. Wenn du Gottes Ziele kennst, dann kannst du deine eignen Ziele besser erkennen und sie effektiver verfolgen. Dies könnte die wichtigste Lektion in diesem Kurs sein. Versäume sie nicht.

Gottes Ziel

Ein kürzlich veröffentlichtes Buch trägt den Titel »Was tut Gott eigentlich in der Welt?« (Engstrom, Ted W., What in the World is God

Doing? Word, 1978). Es beantwortet die Frage, die wir uns stellen.
Ohne Zweifel hat Gott in der Geschichte gewirkt, und es ist ebenso
gar keine Frage, dass Er auch für dieses Zeitalter ein ganz bestimm-
tes Ziel hat. Es stimmt auch, dass Mission im Mittelpunkt von
Gottes Wirken heute liegt.

Eine der großen Aussagen zu diesem Thema wird beim ersten Konzil
in Jerusalem gemacht. Dieses Konzil wurde einberufen, um aufzuzeigen, wie die Heiden errettet werden können (Apg. 15). Dies war ein
bedeutender Beitrag zur Weltmission. Petrus erklärte öffentlich, dass
Gott beschlossen hätte, dass die Heiden das Evangelium hören und
glauben sollten (Apg. 15,7). Außerdem sagte er, dass alle auf die gleiche Art und Weise errettet werden, nämlich durch die Gnade des
Herrn Jesus Christus (Apg. 15,11). Ebenso erzählten Barnabas und
Saulus von ihren Erfahrungen mit Gottes Wirken unter den Heiden
(Apg. 15,12). Schließlich schloss sich auch Jakobus an und begann
seine Rede damit, Gottes Ziel für dieses Zeitalter darzulegen. »Ihr
Brüder hört mich! Simon hat erzählt, wie Gott zuerst darauf gesehen
hat, aus den Nationen ein Volk zu nehmen für seinen Namen« (Apg.
15,13-14). Genau das ist es, was Gott in diesem Zeitalter beabsichtigt. Er nimmt aus den Nationen der Welt ein Volk für Seinen Namen
heraus. Durch die Bemühungen von Missionaren werden Menschen
aus allen Nationen durch die Gnade Gottes errettet.

Bitte beachte die Wichtigkeit dieses großartigen Zieles, das Gott
hat. Er richtet nicht jetzt das Königreich auf. Er gibt sich nicht hauptsächlich damit ab, aus der Erde einen besseren Lebensraum zu machen. Es geht nicht darum, wirtschaftliche oder rassistische Probleme zu lösen. All das ist natürlich bis zu einem gewissen Grad wichtig, aber Gott ist hauptsächlich damit beschäftigt, aus der Welt ein
Volk für Sich herauszurufen.

Die weltweite Gemeinde

Diejenigen Menschen, die in diesem Zeitalter errettet werden, gehören zur weltweiten Gemeinde, welche die große Besonderheit dieses Zeitalters der Gnade ist. Die weltweite Gemeinde ist keine Organisation, sondern ein geistlicher Organismus, der aus allen wahrhaftig Gläubigen besteht, sowohl Juden, als auch Nicht-Juden. Um
Gottes großes Ziel zu verstehen, müssen wir es in der Relation zur

weltweiten Gemeinde sehen. Im Brief an die Gemeinde in Ephesus wird dieses Ziel Gottes in der Welt beleuchtet.

Im Epheserbrief wird die weltweite Gemeinde auf drei sehr anschauliche Weisen dargestellt, die uns beim Verständnis helfen. Die Gemeinde wird in jeder dieser Darstellungen in der Beziehung zu Christus gesehen. Die Gemeinde wird als Leib Christi, als Braut Christi und als Tempel dargestellt, in dem Christus wohnt. Es ist auch zu beachten, dass das Wirken des Heiligen Geistes bei jeder dieser Darstellungen in der Relation zu dem allgemeinen Ziel Gottes betrachtet wird.

Das Zeitalter in dem wir leben, wird als Gnadenzeit bezeichnet, oder als »Zeitalter der Gnade Gottes« (Eph. 3,2). Zunächst bildet Gott während dieses Zeitalters den Leib Christi, die Gemeinde (Eph. 1,23). Diese Bildung des Leibes Christi geschieht durch Mission. Jeder Mensch, der errettet wird, wird dem Leib Christi hinzugefügt, der aus allen Gläubigen dieses Zeitalters besteht. Christus ist das Haupt des Leibes (Eph. 1,22). Es ist das Werk des Heiligen Geistes, jedes Glied nach Seinem Willen an eine Stelle des Leibes zu setzen (1. Kor. 12,13). Innerhalb des Leibes ist jeder Gläubige mit dem anderen verbunden; sie arbeiten in Harmonie zusammen, indem sie von Christus, dem Haupt, geführt werden.

Zweitens wird die Braut Christi gebildet. Die weltweite Gemeinde wird im Epheserbrief sowohl als Leib, als auch als Braut gesehen (Eph. 5,25-27). Der Bräutigam ist natürlich Christus, der Seine Braut liebte und sich für sie hingab als Er am Kreuz starb. Am Ende dieses Zeitalters wird es eine wunderbare Hochzeitsfeier geben, wenn Christus die Gemeinde als seine Braut darstellen wird (Eph. 5,25-27). Jetzt, in diesem Moment, wird die Braut noch gebildet; jeder Mensch, der errettet wird, wird damit ein Teil der Braut. Im Alten Testament kommt dieses Bild durch den Bericht vom Diener Abrahams (Typus für den Heiligen Geist) zum Vorschein, der in ein fernes Land zieht und die Braut für Isaak sucht (1. Mo. 24). Diese Geschichte spiegelt das gegenwärtige Werk des Heiligen Geistes durch Sein Volk wider, der eine Braut für Gottes geliebten Sohn sucht. Derselbe Geist, der Gläubige zu einem weltweiten Zeugnis befähigt, benutzt dieselben Mittel um eine Braut für Christus zu finden (Apg. 1,8). Welche Ehre ist es doch, an dieser wunderbaren Aufgabe mitzuwirken!

Als dritte Darstellung der Gemeinde gebraucht Paulus die Bausteine eines Hauses (Eph. 2,21.22). Die Gemeinde wird mit einem schönen Haus verglichen, in welches die Gläubigen (als Bausteine) eingefügt werden. Das Gebäude ist ein wunderbares Bauwerk, dessen Grundstein Jesus Christus ist. Das Bauen ist wieder ein Wirken des Heiligen Geistes. Er setzt jeden Baustein an die richtige Stelle; wir sind »mitaufgebaut zu einer Behausung Gottes im Geist« (Eph. 2,22).

Zusammenfassend beschreibt der Epheserbrief, dass es Gottes gegenwärtiges Ziel ist, eine großartige Gemeinde zu schaffen, welche als Leib, Braut und Haus dargestellt wird. All das geschieht durch das Wirken des Heiligen Geistes. Die Aufgabe des Heiligen Geistes heute ist es, das Haus zu erbauen, den Leib zu formen und die Braut zu suchen. Wenn wir diesen Aspekt des großen Zieles Gottes erkannt haben, dann freuen wir uns über die Rolle, zu der wir in der Weltmission berufen sind.

Alles, was Gott in diesem Zeitalter tut, dreht sich um die Gemeinde. Wir sollten die Mission im Hinblick auf die Gemeinde als Gottes großes Ziel heutzutage betrachten. Da der Heilige Geist die weltweite Gemeinde bildet, kannst du Seinen Aufforderungen freudig gehorchen und erkennen, welche Ehre es ist, dabei mitzuwirken.

Wir wollen betonen, dass es nicht Gottes ursprüngliches Ziel in diesem Zeitalter ist, die Welt in ein Paradies zu verwandeln, sondern sich daraus ein Volk für Seinen Namen zu erwählen. Das griechische Wort für »Gemeinde« ist »ekklesia« und heißt wörtlich »eine herausgerufene Versammlung oder Gruppe«. Gott bildet die Gemeinde, indem er die Menschen, die ihm gehören, aussondert. Diese bilden die weltweite Gemeinde. Die Welt ist unter Gericht, und bis sie gerichtet ist, wird es keine bleibende Gerechtigkeit geben. Die Hauptaufgabe der Missionare ist es, mit Gottes Zielen im Einklang zu sein und zu versuchen, die Verlorenen aus der Welt heraus zu retten. Ihre Hauptaufgabe ist nicht Gerechtigkeit oder Gleichheit einzuführen. Es stimmt, dass diese Werte in gewissem Maße ein Resultat der Mission sein werden. Diese moralischen Ergebnisse müssen mit allen Mitteln gefördert werden, aber vergesst nicht, dass die gegenwärtigen Ziele und Absichten Gottes nicht wirtschaftlich oder sozial sind, sondern geistlich. Unsere Zivilisation ist auf gottlosen Prinzipien aufgebaut. Sie ist ein sinkendes Schiff. Es geht jetzt nicht darum, den Schiffsaufbau zu streichen oder die Messinggriffe zu polieren. Dies ist nicht der Moment, sich mit nebensächlichen Dingen zu befassen. Dies ist der Moment, so viele Seelen wie möglich vor dem Untergang des Schiffes zu erretten.

Der Missionsplan

Da wir nun erkannt haben, dass das Hauptanliegen Gottes sich um die weltweite Gemeinde dreht, wenden wir uns den praktischen persönlichen Zielen der Mission zu, wie sie in der ganzen Welt ausgeführt werden. Wir werden in diesem Abschnitt sehen, dass das Herzstück des Missionsplanes und dessen praktische Ausführung, sich um die örtliche Gemeinde dreht. So wie die Gemeinde im Neuen Testament von ihrem weltweiten und örtlichen Aspekt betrachtet wird, so werden Gottes Ziele im Verhältnis dazu in einem weiteren und engeren Sinne gesehen.

Da Gottes Plan für dieses Zeitalter so umfassend ist, ist es nicht überraschend, dass wir nicht im Unklaren darüber gelassen werden, wie dieses Ziel erreicht werden soll. Die frühe Geschichte der jungen Gemeinde in der Apostelgeschichte zeigt uns einen Arbeitsplan, der effektiv und zeitlos ist. Jeder, der sich für die Mission interessiert, sollte über das Leben und den Dienst von Paulus und seinen Begleitern Bescheid wissen, und darüber, wie sie den Auftrag der weltweiten Evangelisation ausführten. Der Plan, dem sie folgten, dient uns als Vorbild, die wir Nachkommen der neutestamentlichen Gemeinden sind. Dieser Plan ist so lange gültig, bis der Herr Jesus wiederkommt und die Gnadenzeit zu Ende ist. Die Kommunikationsmethoden mögen sich ändern. Wir haben Fernsehen, Radio, Druckmedien und Flugzeuge, welche es zur Zeit des Paulus noch nicht gab. Aber der Missionsplan an sich hat sich nicht geändert.

Apostelgeschichte 14 zeigt uns ganz klar, wie die Evangelisation von den frühen Christen praktiziert wurde. In diesem Kapitel erhalten wir eine Zusammenfassung der Arbeit von Paulus und seinen Begleitern auf seinen Missionsreisen durch Kleinasien. Diese hingegebenen Männer und ihre Nachfolger haben außerordentlich erstaunliche Ergebnisse erzielt. Zunächst wurden dutzende, später hunderte von örtlichen Gemeinde überall im römischen Reich gegründet. Das

Zeugnis dieser Gemeinden erschütterte das gesamte Weltreich und dieser Erfolg wurde trotz fanatischer Opposition und bitterem Hass erreicht. Ihre Handlungsweise wurde durch keines der modernen Mittel der heutigen Zeit unterstützt; dennoch benutzten sie jedes zur Verfügung stehende Kommunikationsmittel um das Evangelium zu verkünden. Wenn sie in der heutigen Zeit gelebt hätten, dann hätten sie ohne Zweifel moderne Methoden gebraucht. Das wichtigste aber ist, dass sie sogar ohne diese Möglichkeiten unheimlich erfolgreich waren, weil ihre Methoden ihren Zielen untergeordnet waren. In der heutigen Zeit besteht für uns die Gefahr, dass die Wirksamkeit der Methode der Maßstab für unseren Erfolg wird; inzwischen werden die Ziele der Missionsarbeit, wie sie uns die Schrift lehrt, ignoriert.

Drei wichtige Ziele

Welche Ziele verfolgten die Apostel und ihre Mitarbeiter? Wir bekommen die klare Antwort auf diese Frage in Apostelgeschichte 14,21-23 in drei Sätzen: »das Evangelium predigen« – »die Seelen der Jünger festigen« – »in jeder Gemeinde Älteste einsetzen«.

Die Verkündigung der Botschaft des Evangeliums, an jedem Ort, mit jedem Mittel, an jeden Menschen. Der Puls der Evangelisation im Neuen Testament pocht mit der Dringlichkeit der Botschaft und mit der Anstrengung aller Gläubigen, es nah und fern zu verbreiten. In Synagogen, auf öffentlichen Plätzen, auf Hügeln, an Flussufern, in Städten und in der Wüste wurde das Wort verbreitet. Aber die Verbreitung des Evangeliums war nicht genug. Die Bekehrung der Menschen vom Götzendienst zum Christentum war nur der erste Schritt.

Als Nächstes folgte die »Befestigung«, d.h., die Ausbildung der Neubekehrten zu Jüngern. Die Anweisung des Herrn Jesus Christus, alle Nationen zu Jüngern zu machen, bestimmte ihr Handeln. Ein Mensch mag vielleicht innerhalb einer Stunde errettet werden, aber es wird sehr lange Zeit brauchen, bis er ein Jünger ist. Dafür ist beständiges Lehren wichtig, unerschütterliches Ausharren und persönliche Betreuung. In Missionsberichten ist dieser Bereich bei weitem nicht so spektakulär wie die Geschichten von Massenveranstaltungen oder Abenteuern im Urwald. Aber für die Sache Christi ist es in diesem Zeitalter von entscheidender Bedeutung. Dieses zweite Prinzip wird durch die beinahe universelle Klage von christlichen Führungspersönlichkeiten über den Mangel an ausgebildeten Jüngern untermauert. Aber auch ausgebildete Jünger waren nicht das äußerste Ziel dieser christlichen Pioniere.

Sie erkannten, dass ohne stabile örtliche Gemeinden die Arbeit nicht bleibend sein würde. Über die Gründung von örtlichen Gemeinden an strategischen Punkten berichtet hauptsächlich die Apostelgeschichte. Der restliche Teil des Neuen Testaments ist der Bericht von schriftlicher Ermutigung und Unterweisung an einige dieser Gemeinden. Der dritte wichtige Punkt war also die Gründung von örtlichen Gemeinden. Diese wiederum sollten zu Ausgangspunkten für die künftige Verkündigung des Evangeliums werden, für die Ausbildung von noch mehr Jüngern und für die Gründung von weiteren örtlichen Gemeinden. Damals bedeutete »Weltevangelisation« die Neugründung von örtlichen Gemeinden, die sich vervielfältigen konnten. Ihre Methoden und Mittel waren nach diesem Ziel ausgerichtet. Sie mussten nicht darüber predigen, dass die Gemeinden selbständig werden sollten. Sie waren es und es gab keine andere Möglichkeit. Die neugegründete örtliche Gemeinde war eigenständig, ein lebender Organismus und handelte dementsprechend – sie wuchs und vervielfältigte sich selbst.

Manchmal geschieht es, dass wir Christen so sehr mit unseren speziellen Methoden und Diensten beschäftigt sind, dass wir die Sicht für den Plan verlieren, den Gott für Gründung und Wachstum von Gemeinden hat. Wir halten an unseren speziellen Diensten oder Methoden fest, weil sie mechanisch verbessert werden können. Aber die Gründung und die Fürsorge für eine selbständige Gemeinde kann nicht durch Effektivität und mechanische Abläufe beeinflusst werden. Es ist eine geistliche Aufgabe und erfordert geistliche Eigenschaften. Kein noch so großer Aufwand an mechanischen Methoden oder Mitteln wird dieses Ziel erreichen, denn diese Arbeit ist ausschließlich eine geistliche.

Beim Erziehen einer Familie gibt es eine gewisse Ähnlichkeit. Ein Kind kann körperlich aufgezogen werden durch die erforderliche Ernährung, Kleidung, Schutz, medizinische Versorgung und Bildungsmaterial. Sogar der Staat kann diese Dinge in guter Qualität zur Verfügung stellen, und die Qualität der Versorgungsmittel kann beständig steigen. Aber durch keines dieser Dinge, und auch nicht durch die Gesamtheit davon, entsteht eine erfolgreiche Familie. Die elterliche Liebe und Fürsorge sind die wichtigen Faktoren, die eine Familie ausmachen. Diese Faktoren können kaum in Statistiken oder mit einem Diabericht dargestellt werden. Die familiäre Situation kann im äußeren Bereich leicht dargestellt werden, aber die geistlichen Qualitäten sind eigentlich das wichtigste.

Es ist möglich, dass Christen in der Heimat leichter zu bewegen sind, für eine Arbeit zu beten oder zu geben, die sie durch Statistiken und Bilder verstehen können, als für eine Arbeit, die sich hauptsächlich mit Gemeindegründung beschäftigt. Wir können und dürfen uns über jede Methode freuen, die dazu dient, das Evangelium den vielen Millionen verlorener Menschen nahezubringen. Aber hüten wir uns davor, uns mit der erfolgreichen Anwendung einer Methode zu begnügen, als ob das schon das Ziel wäre. Geben wir uns nicht mit dem Wissen zufrieden, dass es so viele Namen und Adressen in einem Ordner gibt, oder dass im Moment so viele tausend Korrespondenzkurse studiert werden, oder dass so viele Tonnen von evangelistischer Literatur gedruckt und in einem bestimmten Gebiet verteilt worden sind. Begnügen wir uns nicht damit, dass unsere Stimme (theoretisch) von so vielen Millionen Hörern im Radio gehört werden kann und dass so viele Kranke das Evangelium in unserer Krankenhäusern gehört haben. Geben wir uns nur damit zufrieden, wenn wir von gesunden örtlichen Gemeinden hören, die gegründet worden sind und nun wachsen und sich selbst vervielfältigen.

Diese Einstellung wird uns auf verschiedene Arten beeinflussen. Sie wird sich auf unser Gebetsleben auswirken, denn dann werden wir besonders um die Arbeit besorgt sein, die direkt zur Verwirklichung des Ziels des Neuen Testamentes führt, nämlich zur Gründung von örtlichen Gemeinden. Es wird sich auch auf die Verwaltung unseres Kapitals auswirken, denn es bedeutet, dass nicht jeder in schönen Worten und auf Hochglanzpapier gedruckter Bericht für uns und die Gemeinde eine Aufforderung von Gott ist, unser Geld darin zu investieren. Manchmal muss man selbst entscheiden, was gut ist, und was das Beste für die Sache Gottes ist.

Ebenso wird unsere Empfehlung von potenziellen Missionaren beeinflusst werden, denn heutzutage brauchen wir dringend gründlich vorbereitete Männer und Frauen Gottes – Menschen, die darauf vorbereitet sind, die Botschaft des Evangeliums so lange zu verkünden, bis eine Gemeinde gegründet ist (einschließlich den Geburtswehen dazu). Dies sind die primären Erfordernisse eines Dieners Gottes, egal was sein besonderer Dienst sein mag und die Fähigkeit diesen auszuführen.

So sieht es in der Praxis aus. Der Missionar bringt den Einheimischen das Evangelium, einige von ihnen öffnen sich dafür und werden errettet. Nun beginnt der Missionar damit, diejenigen, die errettet worden sind, zu Jüngern zu machen. Er lehrt sie anhand der Schrift, wie man ein Leben als Christ führt, wie man zur Ehre Gottes lebt und wie man andere zum Glauben führt. Dann bildet der Missionar eine Gruppe aus den Junggläubigen. Sie versammeln sich zu Christus um ihn zu preisen, einander gegenseitig aufzurichten und um der Welt die großartige Wahrheit der weltweiten Gemeinde zu zeigen. Solch eine Gruppe von wahrhaftig Gläubigen ist eine örtliche Gemeinde. Die örtliche Gemeinde ist ein lebendiger Organismus, ein Kleinbild der weltweiten Gemeinde. Wenn dieser Gemeindeorganismus wächst, werden daraus weitere örtliche Gemeinden entstehen, durch genau denselben Prozess – Verkündigung des Evangeliums, Jünger machen und Gemeinde gründen. Eine gute Auseinandersetzung mit diesem Thema ist das Buch von William MacDonald »Christus und die Gemeinde« (CV, Dillenburg, 1985). Der Zweck eines jeden lebenden Organismus ist es, sich zu vervielfältigen. Die örtliche Gemeinde tut genau dasselbe.

Zusammenfassend sollten wir uns immer daran erinnern, dass das Ziel und der Plan für Mission von Gott stammt. Wir verstehen seine Vorstellung von der weltweiten Gemeinde und wir folgen Seinem Plan für den Bau von örtlichen Gemeinden. Zu dem Zeitpunkt, wenn die Gemeinde vollständig ist, ist auch die Gnadenzeit zu Ende. Dann wird der Herr selbst wiederkommen und wir werden mit denen, die schon im Grab liegen gemeinsam entrückt werden und für immer beim Herrn sein. Aber bis dahin müssen wir danach trachten, alles das zu tun, zu dem Er uns berufen hat, um Sein Ziel zu erreichen und seinen Plan sorgfältig auszuführen.

Fragen für Studium und Diskussion zu Lektion 5:

1. Welches Ziel hat Gott für dieses Zeitalter?

2. Wie wird die Gemeinde im Epheserbrief auf drei Weisen darge-stellt? Sprecht über diese dreifache Darstellung.

3. Was sollte die Hauptaufgabe des Missionars sein, wenn wir das hauptsächliche Ziel Gottes für dieses Zeitalter betrachten?

4. In Apostelgeschichte 13,2 sagte der Heilige Geist: »Sondert mir nun Barnabas uns Saulus für das *Werk* aus, zu dem ich sie beru-fen habe«. In Apostelgeschichte 14,26 lesen wir, dass Paulus und Barnabas das *Werk* erfüllt hatten, zu dem sie berufen und empfohlen worden waren. Studiere die dazwischen liegenden Verse und notiere, was zu dem *Werk* gehörte. Diskutiert darüber.

5. Auf welche verschiedenen Arten kann das Evangelium heute verkündet werden?

6. Wie macht man aus einem Neubekehrten einen Jünger?

7. Welche Rolle spielt die örtliche Gemeinde in dem Plan, den Gott für die Mission hat? Welche Priorität muss a) ein Missionar auf dem Missionsfeld und b) ein Christ daheim dieser Rolle einräu-men?

8. Welche praktische Auswirkung wird es in unserem Leben ha-ben, wenn wir Gottes Ziel und Plan für die Mission kennen und richtig verstehen?

9. Diskutiert über die Zusammenfassung, die gegen Ende des Tex-tes gegeben wird, im Vergleich zu dem, was heutzutage oft in der Mission geschieht.

Ziele sind wichtig

In einer vorhergehenden Lektion wurde das Ziel und der Plan Gottes für die Mission diskutiert. Mission beinhaltet drei Dinge: Erstens, das *Evangelium* allen Menschen der Welt zu bringen (Geht hin in die ganze Welt und predigt das Evangelium der ganzen Schöpfung, Mk. 16,15); zweitens, sie im Wort und im Gehorsam dem Herrn gegenüber *auszubilden* (Macht alle Nationen zu Jüngern ... und lehrt sie alles zu bewahren, was ich euch geboten habe, Mt. 28,19.20); und drittens, örtliche *Gemeinden zu gründen*, die Zentren werden für Anbetung, Wachstum und Gemeinschaft (Als sie aber in jeder Gemeinde Älteste eingesetzt hatten ... Apg. 14,23). Diese Ziele muss man deutlich vor Augen haben, ganz gleich, um welchen Aspekt der Mission man sich im Besonderen kümmert. Was auch immer du für die Sache des Herrn Jesus auf Erden tun magst, dir sollte klar sein, wie deine Arbeit zu den obigen biblischen Zielen beiträgt. Wenn sie nicht dazu beiträgt oder du nicht weißt, wie sie dazu beiträgt, musst du es untersuchen um sicherzugehen, ob du überhaupt das richtige Ziel verfolgst. Undeutliche und unklare Vorstellungen in dieser Sache können einen guten Teil deines Lebens vergeuden für etwas, das dem Ziel, das Gott uns in Seinem Wort gezeigt hat, überhaupt nicht nahe kommt.

Die Ziele erreichen

Wenn dir deine Ziele klar sind, wird es sich heraus stellen, dass es, um sie zu erreichen, mehr braucht als nur die Hoffnung, dass irgendetwas passieren wird. Als der Herr Jesus die elf Jünger aussandte, hieß er sie warten, bis der Heilige Geist an Pfingsten kam, um Seinen Dienst im Leben der Gläubigen aufzunehmen. Durch die Macht des Geistes Gottes konnten die Jünger anfangen, die verlorene Welt zu erreichen. Sie gingen im Gehorsam dem Herrn Jesus Christus gegenüber aus. Sie gingen in der Vollmacht des Geistes aus. Beachte besonders, dass sie gingen und für das Werk Gottes bewusst alle Mittel einsetzten, die sie zur Verfügung hatten. Mission wird heute noch durchgeführt, indem wir die verschiedenen Mittel, die uns zur Verfügung stehen, benutzen. Wir möchten erfolgreich kommunizieren. Es gibt viele praktische Mittel, durch die wir die Aufmerksamkeit der Menschen, die die Botschaft nicht kennen, erregen können, und ihre Aufmerksamkeit so lange halten, bis sie die Botschaft verstehen und eine Entscheidung treffen können. Die praktischen Möglichkeiten der Kommunikation werden in diesem Kapitel behandelt.

Paulus gebrauchte bei verschiedenen Gelegenheiten verschiedene Methoden der Annäherung. Manchmal sprach er in öffentlichen Versammlungen von Philosophen wie in Athen. Manchmal ging er in Synagogen und diskutierte mit den jüdischen Vorstehern. Manchmal machte er das Beste aus einer schlechten Situation, wie das Singen im Gefängnis von Philippi. Er nutzte die neuesten Transportmöglichkeiten sowie erhältliche Literatur, und er gebrauchte sogar Gelegenheiten physischer Erholung als Sprungbrett für die Evangeliumsbotschaft. Wir leben neunzehnhundert Jahre später. In dieser Zeit haben sich weder die Botschaft noch die Strategie um ein Jota verändert. Aber es gibt neue Methoden, von denen viele bei der Verbreitung des Evangeliums nützlich waren. Wenn Gott dich in Seinen Dienst führt, kann es sein, dass du einige der Methoden, die im Folgenden erläutert werden, gebrauchen wirst, um deinen Teil zum Werk des Herrn beizutragen.

Medizinische Arbeit

Gleich am Anfang der modernen Missionsarbeit vor fast 200 Jahren hat die Medizin eine wichtige Rolle gespielt. In der Vorsehung Gottes war das medizinische Wissen im Westen beträchtlich weiter als im Rest der Welt, und die Missionare nutzten diese Tatsache zur Ehre Gottes. Die frühe Mission kam in Kulturen, die wenig von Hygiene wussten, und wo viele Krankheiten und verfrühte Todesfälle das Bild prägten. Viele Missionare, auch wenn sie keine formale Ausbildung hatten, lernten etwas über tropische Medizin und wandten sie an. Leben wurden gerettet, Verunstaltungen vermieden, schreckliche Entzündungen und Geschwüre behandelt. Die Medizin wurde die Dienerin des Evangeliums genannt, und so ist es tatsächlich auch gewesen. Sie verringerte nicht nur das Leid der Kranken, sie half auch, das Vertrauen der Einheimischen zu gewinnen, denen die fremden Missionare verdächtig vorkamen. Die Medizin zeigte auch etwas von der Liebe Christi, besonders dann, wenn sie frei und ohne Gegenleistung gegeben wurde. Aufgrund der medizinischen Betreuung öffneten sich die Leute auch der Botschaft der Missionare weit mehr. Nur die Ewigkeit wird die vielen tausend Menschen enthüllen, die den Herrn Jesus durch die Medizin kennen gelernt haben.

Es gab viele und verschiedene Möglichkeiten, wie Medizin eingesetzt wurde. Am einen Ende des Spektrums steht ein Pioniermissionar z.B. bei einem Stamm in Afrika: Er wendet einfache Heilmittel und prophylaktische Behandlungen neben seinen vielen anderen Aufgaben an. Oft hat die Frau des Missionars viel Verantwortung dabei übernommen und jeden Tag nebenbei eine Menge ambulanter Kranker versorgt. Viele Missionsstationen wurden von einer Missionskrankenschwester unterstützt, die vielleicht eine Ausbildung in Geburtshilfe und auf anderen Gebieten genossen hatte. Sie konnte in der Missionsarbeit helfen, indem sie der medizinischen Arbeit einen Großteil ihrer Zeit widmete, vielleicht in einer kleinen Hütte als Klinik. Kliniken für die Zeit vor und nach der Geburt sind bekannt. Als weiteres Personal dazu kam, wurde vielleicht eine Leprastation errichtet, manchmal mit Hilfe der nationalen Regierung. Mit der Zeit mag Gott ein oder zwei Ärzte geschickt haben, und der Anfang eines Krankenhauses in irgendeiner zentralen Lage war gemacht, wohin die Kranken von den ambulanten »Kliniken« geschickt wurden. Es gibt fast kein Limit, wie groß ein Missionskrankenhaus werden kann, und viele sind sehr bedeutend geworden. »Daktar« ist die Geschichte eines solchen Krankenhauses in Bangladesch. Zahnärztliche Behandlung und andere Spezialgebiete wurden von Gott benutzt, um Türen für die Mission zu öffnen.

Wo ist das Ende solcher Dienste? Ist es richtig, dass Krankenhäuser so lange wachsen, bis die Mission das ganze medizinische Programm in einem bestimmten Gebiet erledigt? Die medizinische Arbeit sollte weitergeführt werden, solange niemand anders es tut. In den meisten Ländern der dritten Welt kommt eine Zeit, in der die Regierung ihr eigenes Programm einführt. Die weise Mission wird froh sein, wenn das passiert und wird ihr medizinisches Personal an einem anderen Ort oder in direkteren geistlichen Diensten einsetzen. Denke daran, dass die Medizin ein Mittel zur Mission ist; die Medizin selbst ist nicht die Mission.

Bildungsarbeit

Ein weiteres großes Mittel der Annäherung in der Mission ist die Ausbildung. Dafür gibt es zwei sehr offensichtliche Gründe. Zum einen ist die Ausbildung ein attraktives Ziel für diejenigen Menschen in der Dritten Welt, die vor der Ankunft des Missionars nur wenige oder gar keine Chancen dazu hatten. Das Wissen, das der westliche Missionar mitbrachte, war ein Schlüssel zu einem besseren Leben, zu größerem Verständnis, zu wirtschaftlicher Sicherheit und weiteren Horizonten in fast allen Richtungen. Bildung war attraktiv und wünschenswert. Es gibt jedoch einen weiteren und wichtigeren Grund, warum die Bildung ein Teil des Missionsdienstes wurde – Bildung war nämlich notwendig, um die drei Ziele des Missionsbefehls zu erreichen. Ein Mensch kann von Sünde errettet und eine neue Kreatur in Christus Jesus werden, wenn er das Evangelium hört und empfängt, aber die beiden anderen Ziele des Missionsbefehls können nicht ohne Bildung erreicht werden. Ein Jünger kann nicht richtig belehrt werden, wenn er das Wort Gottes nicht selbst lesen und dann die Prinzipien in seinem Leben anwenden kann. Es gibt auch keine Möglichkeit, dass eine selbständige örtliche Gemeinde funktioniert, ohne dass die Gabe des Lehrens eingesetzt wird, wozu eine gewisse Bildung nötig ist. Der aufmerksame Student wird erkennen, dass ein gewisser Grad der Bildung für ein lebensfähiges Missionsprogramm notwendig ist. Vor hundert Jahren, mitten in der Zeit des großen Fortschritts in der Weltmission, lebten in den meisten Missionsfeldern fast totale Analphabeten. Wenn der Missionar das Wort Gottes in ihre Sprache übersetzte, konnten sie es nicht lesen, ohne vorher belehrt worden zu sein. Demnach waren Schulen besonders wichtig. Sie wurden in den Hütten von Zentralafrika, an den Lagunen der Südseeinseln, in den Städten des Orients und in Königspalästen eingerichtet. Tatsächlich konzentrierten sich manche Missionsgruppen fast ausschließlich auf Bildung und bauten große Ausbildungszentren. Neben den Grundfächern lehrten sie in den eingerichteten Schulen, Gymnasien und Universitäten auch die Heilige Schrift. Sie hofften, eine starke christliche Leiterschaft würde sich bilden, die das eigene Land oder den eigenen Stamm zum Christentum führen würde. Die Überbetonung der Bildung führte manchmal dazu, dass die primären geistlichen Ziele nicht erreicht worden sind, wobei unumstritten bleibt, dass eine gewisse Bildung wichtig ist.

Bildungsprogramme zogen junge Leute an und versetzten sie in eine christliche Umgebung. Solche Bildungsprogramme waren in den meisten Fällen auch bei den Regierungen beliebt, die den Anforderungen zu der Zeit nicht gewachsen waren. Sie befürworteten eine grundlegende Bildung, und in manchen dieser wenig entwickelten Länder bestanden sie darauf, dass ein Teil der missionarischen Arbeit auf diesem Gebiet getan wurde. Der Missionar sollte nicht nur selbst lehren, sondern einheimische Lehrer ausbilden, damit diese in absehbarer Zeit die Arbeit übernehmen könnten. Ein weiterer Beweggrund hinsichtlich der Bildungsarbeit für viele evangelikale Missionare waren andere wetteifernde Gruppen, die es ebenso schnell übernehmen würden. Die Folge dieser Situation war, dass die Kinder der Evangelikalen von Römisch Katholischen oder anderen religiösen Körperschaften belehrt wurden, mit dem Ziel, die Ohren der Kinder für sich öffnen zu wollen. Aber der wichtigste Grund für die Bildungsprogramme ist, die Menschen für einen geistlichen Dienst zuzurüsten. Wenn dieses Ziel außer Acht gelassen wurde, verlor die Bildungsarbeit ihren Hauptwert.

Es gab auch spezialisierte Gebiete, wo die Bildung erfolgreich war. Bibelschulen wurden eingerichtet, um christliche Mitarbeiter auszubilden. Es gab Möglichkeiten für Erwachsene, das Lesen und Schreiben zu lernen. Frank Laubach war Pionier auf diesem Gebiet; seine Methode wird heute auf der ganzen Welt angewandt und hatte in vielen Ländern eine sehr große Wirkung. Spezielle Schulen wurden für Blinde, für Leprakranke, für Lehrer und Krankenschwestern usw. eingerichtet.

Bei der Bildung hat es immer etliche Probleme gegeben. Hauptsächlich haben die Finanzen Kopfzerbrechen verursacht. Geschultes Personal war ein weiteres Problem, und je höher der Bildungsgrad der Schule war, um so schwerer war es, Leute zu finden, die um die halbe Welt reisen würden, um dort zu lehren. Die Politik war auch immer auf dem Plan, da die Bildung schließlich Teil des Regierungsprogramms darstellt. In diesem Fall könnte es sein, dass die Regierung sich einmischt, alles übernimmt oder zu eigenen Bedingungen Finanzhilfe leistet. Das größte Problem war die Tendenz zur Verweltlichung. Besonders in höheren Schulen herrscht immer ein Druck, den Bildungsstandard zu erhöhen. Wenn dem auf Kosten des Geistlichen entsprochen wird, ist der Platz der Bildung in der Mission fragwürdig.

Literaturarbeit

Der Gebrauch von Literatur als ein Werkzeug in der Weltmission ist einer der bedeutendsten Faktoren unserer Zeit. Schreiben war schon zu Lebzeiten Adams bekannt. Spätestens seit der Zeit Moses hat Gott die Schrift als Kommunikationsmittel von Mensch zu Mensch benutzt. Heute kann zum ersten Mal in der Geschichte über die Hälfte der Welt lesen. Selbst in den unterentwickeltsten Ländern können 10% der Menschen lesen, und der Prozentsatz steigt rapide. Man braucht es kaum zu sagen, dass die Lesenden die führende Schicht bilden. Du wirst sofort erkennen, dass die Versorgung mit der richtigen Literatur eine der größten Herausforderungen der christlichen Mission am Anfang des 21. Jahrhunderts ist. Mit der überraschenden Tatsache, dass die halbe Welt lesen kann, ist der Fortschritt der Technologie mit der Produktion moderner Literatur zu vergleichen. Techniken in der Fotokomposition und der Offset Druck haben die Herstellung von Literatur revolutioniert.

Die Bibel und ihre Verbreitung sind Grundlage der Mission. Die oberste Aufgabe des Missionars ist, die Heilige Schrift zu übersetzen. Bis jetzt hat die Übersetzung der Bibel in die wichtigsten Sprachen der Welt es ermöglicht, dass neunzig Prozent der Weltbevölkerung Bibeln erhalten können. Die Wycliff Bibelübersetzer sowie andere arbeiten hart in den vielen verbleibenden Sprachen und Dialekten der Welt. Wenn die Übersetzungsarbeit getan ist, gibt es Bibelgesellschaften in verschiedenen Schlüsselländern, die Bibeln von guter Qualität in den Sprachen der Welt herstellen und sie zu ermäßigten Preisen verbreiten, so dass so viel Menschen wie möglich eine Bibel bekommen können. Zehnmillionenfach werden Bibeln und Neue Testamente auf diese Weise, aber auch von anderen christlichen Verlegern, produziert.

Zusätzlich zum Wort Gottes muss auch andere Literatur gedruckt werden. Die Mission war darin nicht schwerfällig, und sie deckt weiterhin einen wichtigen Bedarf. Verschiedene Arten von Literatur sind erfolgreich benutzt worden. Evangelistische Literatur in Form von Traktaten und Heften erklären das Evangelium auf einfachste Weise. Diese Art Literatur ist relativ billig in der Herstellung und wird gewöhnlich kostenlos verteilt in der Hoffnung, dass Seelen aufgerüttelt werden, ihre geistliche Not erkennen und zur Errettung durch den Herrn Jesus Christus geführt werden. Auf winzigen Druckerpressen, auf modernen riesigen Druckanlagen mit Hochgeschwindigkeitenen und auf allen erdenklichen Maschinen, die dazwischen liegen, haben Missionare selbst in entfernten Gebieten Traktate gedruckt. Die Qualität war sehr unterschiedlich, aber der Schwerpunkt liegt heute auf attraktiver Literatur mit ansprechendem Inhalt. Der Wettbewerb mit Sekten, unchristlichen Religionen und der kommunistischen Ideologie ist hart. Diese Gruppen suchen ebenfalls die Seelen der Menschen zu ihren eigenen Zielen hinzulenken, und finden scheinbar das Geld und die Arbeiter, um riesige Mengen von ihrer attraktiven Literatur zu drucken.

Eine andere Art hilfreicher Literatur sind die sogenannten Hilfen zur Bibel. Wenn einheimische Leute die Bibel studieren, brauchen sie die Hilfen, die für uns manchmal selbstverständlich sind. Sie brauchen Konkordanzen, Bibellexika und Kommentare. Um solche Bücher herzustellen, braucht es viel Zeit, und die begrenzten Auflagen sind für den Missionar kostspielig. Das Prinzip des Verkaufs solcher Bücher ist sehr weise, vielleicht wird es notwendig sein, sie für Menschen in den Entwicklungsländern zu subventionieren, genau so wie die Bibelgesellschaften Bibeln subventionieren. Da diese Art von Büchern in den Ländern der Dritten Welt den größten Bedarf darstellen, wäre es gut, wenn interessierte Menschen sich gerade an der Mission das bewusst machen. Natürlich ist ein Material solcher Art, das von geschulten Einheimischen hergestellt ist, weit besser als übersetztes Material, aber selbst das ist weit besser als nichts.

Es herrscht auch großer Bedarf an Spezialliteratur um verschiedene Ziele zu erreichen. Literatur für Kinder wird gebraucht, die ihre neu erworbene Geschicklichkeit im Lesen anwenden wollen. Literatur für Sonntagsschulen und für allgemeine christliche Interessen ist wichtig. Auch Biografien für Erwachsene und christliche Erzählungen haben ihren Platz. Eine reale Tatsache bei neuen Lesern ist es, dass sie glauben, was sie lesen. Der Feind weiß das und versorgt sie mit einer riesigen Auswahl an Büchern. Natürlich fördert solche Literatur oft die verkehrten Absichten des Feindes. Die Evangelikalen müssen für eine Alternative sorgen. Wir haben uns an ein so riesiges Angebot von Literatur in unserer Sprache gewöhnt, dass wir kaum verstehen können, dass es Hunderte von Sprachen gibt, in denen nur drei oder vier christliche Bücher neben der Bibel vorhanden sind. Hier herrscht dringender Bedarf.

Eine andere Form der Literatur sind die Zeitschriften. Sie sind eine fortgesetzte Quelle neuen Materials für die Abonnenten und Käufer. Da gibt es auch ein großes Spektrum an Möglichkeiten. Es gibt Veröffentlichungen für Kioske, die durch weltliche Kanäle verkauft werden. Es gibt Zeitschriften von Organisationen, die Informationen über die örtliche Gemeinde oder über Mission weitergeben. Es gibt Anleitungen zum Bibelstudium, die beim persönlichen Studium des Wortes Gottes helfen. Schriften verschiedener Art sind ein wertvolles Betätigungsfeld eines Missionars. Wie alles Schrifttum bleiben sie noch lange nach dem Empfang erhalten, und das Potenzial einer großen Leserschaft ist sehr hoch.

Eine andere Art Literatur, die Gott in erstaunlicher Weise benutzt, ist der Korrespondenzkursus. Hier besteht der große Vorteil, dass mit der Absicht studiert wird, die Fragen zu beantworten. Aus der Sicht des Lernprozesses ist diese Kommunikation weit besser als bei anderen Schriften. In manchen Ländern der Welt, die keine Missionare einreisen lassen, hat so ein Kurs den Vorteil, dass er privat studiert werden kann ohne Furcht, entdeckt zu werden. Nationen, die von kommunistischen oder moslemischen Führern regiert werden, sind das Ziel von Lawinen von Korrespondenzkursen, die Gott benutzt, um Seelen zu Christus zu führen und Gläubige weiter zu belehren. Die Emmaus Bibelschule hat fast neun Millionen Bibelkurse in mehr als einhundert Ländern der Welt verteilt. Die Literatur ist eine der weit geöffneten Türen für die derzeitige Mission.

Radio und Fernsehen in der Mission

Seit dem 2. Weltkrieg ist das Radio von einem interessanten Beiwerk der Mission zu einer mächtigen Kraft in der Welt geworden. Niemand wird verneinen, dass das Radio ein erfolgreiches Werkzeug für Massenevangelisation ist. Über das Radio können mit weniger Geld mehr Menschen erreicht werden, als durch andere Kommunikationsmedien. Die Radiosendungen verbreiten sich über Berge, Meere und über Vorhänge aus Eisen oder Bambus hinweg. Der Fortschritt der Sendetechnik zog eine kostensparende Entwicklung der Radiogeräte nach sich, die nun in den entferntesten Teilen der

Welt gefunden werden. Meistens ist ein Radio das Erste, was sich Eingeborene kaufen, die den ersten Lohn empfangen.

Durch Missionare und Missionsorganisationen wird die Sendezeit bei kommerziellen Sendern Hunderten von Städten auf der Welt gekauft. Es gibt auch Möglichkeiten im Bereich von Mittel- und Kurzwellen, wie die Stationen in Sri Lanka und auf der Insel Zypern. Dann haben zahlreiche Gruppen ihre eigenen Rundfunkstationen gebaut. Das weltweite Rundfunksystem hat viele große Sender an ausgesuchten Plätzen. Die Stimme der Anden in Südamerika und die Far East Broadcasting Company in Asien haben einige der mächtigsten Sender der Welt, die die Wahrheit Gottes zu Millionen von Menschen bringen. Tausende von Briefen werden an diese riesigen Sender und an andere Stationen geschickt, die von dem Segen und der empfangenen Hilfe erzählen. Eine einzigartige Idee ist es, die Heilige Schrift auf Chinesisch und in anderen Sprachen in Diktatgeschwindigkeit vorzulesen, damit die Gläubigen, die das Wort Gottes nicht haben, ihre eigene Kopie anfertigen können und der Verfolgung durch ihre kommunistischen Führer entgehen können. Einige der größten christlichen Rundfunkanstalten in Nordamerika senden ihre Programme weltweit aus. In einigen Ländern ist es möglich, örtliche Kurzwellensender zu gründen und sie zur Ehre des Herrn Jesus zu gebrauchen. Italien hat ungefähr zwanzig solcher Stationen. Das Fernsehen ist ein Partner des Radios geworden, und es wird immer häufiger als Medium für das Evangelium gebraucht. Es ist viel teurer als Radio aber in einigen riesigen Städten von Lateinamerika ist es zu einem wunderbaren Kommunikationsmittel geworden. Manche gut bekannte Missionare haben bei Stationen der Regierung Hauptsendezeiten eingeräumt bekommen. Zweifellos wird das Fernsehen trotz der hohen Kosten ein zunehmend erfolgreicheres Mittel der Kommunikation werden.

Die Luftfahrt

Der Transport von Menschen und Waren hat sich seit den frühen Tagen der modernen Mission dramatisch verändert. Kein Ort der Welt ist mehr als 24 Stunden entfernt, wobei es früher Monate gedauert hatte, um ein entferntes Missionsgebiet zu erreichen. Wenn die Missionare per Schiff angekommen waren, mussten sie zu Fuß und mit Trägern weiter ziehen. Später wurden vielerorts Straßen in den Busch geschlagen, aber das Flugzeug hat schließlich die Mission in entfernten Gebieten revolutioniert. Behelfslandeplätze wurden im Dschungel angelegt, und sie wurden zu Lebensadern für das Zeugnis des Evangeliums. Manche großen evangelikalen Missionen haben eine Flugabteilung; andere Spezialmissionen unterhalten einen Service für Gesellschaften, mit denen sie zusammenarbeiten. Am bekanntesten ist die Missionary Aviation Fellowship, die bestens ausgebildete Piloten, geschickte Mechaniker und kleine Flugzeuge hat, die für besondere Dienste geeignet sind. In Afrika, Südamerika und im Fernen Osten haben sie viel Hilfe bei der Ausführung des Missionsbefehls geleistet. Die Statistik betreffend ihrer Sicherheit ist sehr gut, wenn man die Gefährlichkeit des Unternehmens bedenkt, wobei es auch hier manch tragischen Verlust gegeben hat. Wie bei vielen sich lohnenden Wagnissen sind auch hier Risiken dabei.

Andere Methoden

Zusätzlich zu den oben genannten Mitteln haben die Missionare noch andere Kontaktmöglichkeiten in Anspruch genommen. Die Landwirtschaft hat sich für einige als eine Tür erwiesen. Missionare, die geschickt in der Landwirtschaft waren, waren in der Lage, neues Saatgut einzuführen, oder die dortigen Erträge zu verbessern, den Boden unter den örtlichen Bedingungen besser auszuwerten oder die Ernte zum Markt zu bringen. Viele Regierungen erteilen Visa für Leute, die solch eine Arbeit tun, wenn ein normales Visum für einen Missionar nicht bewilligt wird.

Wenn eine Gruppe von Missionaren einen Teil von Leuten hat, die sich mit der Landwirtschaft auskennen, zeigt das der Regierung, dass die Mission neben der Liebe für die Seelen der Menschen auch eine Liebe zum Land hat. Es besteht immer die Gefahr, dass die Landwirtschaft die ganze Aufmerksamkeit des Missionars in Anspruch nimmt, aber das ist eine individuelle Angelegenheit und hat viele Faktoren, von denen das abhängt.

In Japan ist das Lehren der englischen Sprache eine einzigartige Gelegenheit, denn dort herrscht ein Durst danach gut englisch zu können. Viele Leute in Missionen und mindestens eine ganze Missionsgesellschaft haben diese Möglichkeit genutzt, weil sie hoffen, die Japaner mit dem Evangelium erreichen zu können. Wachsame Missionare werden solche Möglichkeiten ausschöpfen. Viele andere Ideen sind ausprobiert worden. Einige waren erfolgreicher als andere. Jede sollte betreffs ihrer Nützlichkeit in einem gegebenen Gebiet ausgewertet werden.

Am Ende dieser Lektion möchten wir den Missionar erneut aufrufen, die Prioritäten im Licht der biblischen Strategie für die Mission richtig zu setzen. Wenn die Ziele klar erkannt werden, dann werden die Mittel, um diese Ziele zu erreichen, beständig geprüft werden, um zu beurteilen, ob sie zur Ehre Gottes dienen, wie es dem Wort Gottes entspricht.

Fragen für Studium und Diskussion zu Lektion 6:

1. Warum ist es so wichtig, dass alles, was du für die Sache der Herrn Jesus Christus auf Erden tust, in Gottes dreifachen Plan für die Mission passt? Sind Änderungen in deinen Tätigkeiten oder deinen Ansichten erforderlich?

2. Welches sind die Vor- und Nachteile der medizinischen Missionsarbeit?

3. Diskutiere die Vor- und Nachteile von Bildungsprogrammen in der Missionsarbeit.

4. Warum ist Literatur unschätzbar wichtig bei der Ausführung von Gottes Absichten für die Mission? Welche Arten der Literatur stehen heute zur Verfügung?

5. Wie tragen Radio und Fernsehen zur Mission bei? Diskutiere die Vor- und Nachteile dieser beiden Medien. Nenne einige christliche Rundfunkstationen.

6. Welchen Platz nimmt der Luftverkehr in der Mission ein?

7. In welchem Ausmaß können Gläubige ihre besonderen Fähigkeiten in der Mission einsetzen?

8. Diskutiere nochmals die Prioritäten der Mission im Licht der verschiedenen Methoden, das Evangelium mitzuteilen.

_7 Die Rolle der örtlichen Gemeinde in der Mission

Im Studium von Mission werden örtliche Gemeinden entweder als sendende Gemeinden oder als empfangende Gemeinden bezeichnet. Die sendenden Gemeinden sind die Heimatgemeinden, die Missionare aussenden und unterstützen. Die empfangenden Gemeinden sind die Gemeinden, die als Ergebnis missionarischer Arbeit auf dem Missionsfeld entstehen. Eine vorhergehende Lektion betonte Gottes Plan und Ziel für die Mission, wo die Gemeinde im Mittelpunkt steht. Die Arbeit eines Missionars ist erst dann vollständig, wenn eine lebensfähige örtliche Gemeinde aufgebaut ist, die wachsen und sich vervielfältigen kann. Um das zu erreichen, nehmen sich erfolgreiche Missionare das biblische Muster zum Vorbild, welches drei Punkte beinhaltet: Erstens Evangelisation; zweitens Jüngerschaftstraining; drittens Heranbilden von Leiterschaft und Formen einer neuen örtlichen Gemeinde. Die neu entstandene Gemeinde ist die empfangende Gemeinde.

In dieser Lektion sollst du lernen, dass die Voraussetzung einer gesunden empfangenden Gemeinde eine gesunde sendende Gemeinde ist. Eine tatkräftige und starke Gemeinde auf dem Missionsfeld beginnt mit einer gesunden sendenden Gemeinde in der Heimat. Die biblische Rolle der sendenden Gemeinde ist höchst wichtig, wenn eine kraftvolle empfangende Gemeinde gebaut werden soll. Ohne eine Art sendender Gemeinde kann man überhaupt nicht missionarisch arbeiten. Die meisten Menschen stellen sich nur finanzielle Unterstützung und Kleidersammlungen vor, wenn sie an die Rolle der Heimatgemeinden denken. Aber die biblische Perspektive wird uns hoffentlich zeigen, dass zu dem Thema auch wichtigere Dinge gehören.

Antiochia – Die Mustergemeinde im Neuen Testament

Zur Zeit des Neuen Testaments war die Stadt Antiochia in Syrien der Ausgangspunkt zur Evangelisation der heidnischen Welt. Diese drittgrößte Stadt des Römischen Reiches strotzte vor prunkvollen Palästen und Tempeln. Die geschäftigen Straßen und der Handel dort bildeten das Zentrum des Mittleren Ostens. Die Docks am Fluss Orontes waren ein wichtiger Handelsumschlagplatz, der im Osten bis nach Indien und im Westen zu all den römischen Städten rings um das Mittelmeer Verbindung hatte. Kamelkarawanen ergänzten die Schiffe, Griechen und Römer mischten sich unter Syrer und Juden. Hier berührten sich Ost und West. Diese Stadt wählte Gott als Ausgangspunkt für die erste Verbreitung des Evangeliums unter den Heiden. Lies sorgfältig die folgenden Passagen, damit du siehst, welche Rolle die Gemeinde in Antiochia spielte (Apg. 11,19-30 und Apg. 13,1-4).

Nach der Steinigung des Stephanus in Jerusalem gab es dort eine große Christenverfolgung, und viele mussten in andere Städte fliehen. Einige der griechisch sprechenden Juden flohen nordwärts nach Antiochia. Dort fingen sie an, in griechischer Sprache zu Juden und Heiden zu predigen. Als Ergebnis wurden viele Heiden errettet. Zum ersten Mal wird hier in der Bibel erwähnt, dass Heiden den Herrn annahmen. »... und eine große Zahl, die gläubig wurde, bekehrte sich zum Herrn« (Apg. 11,21). Die Nachricht dieses Ereignisses erreichte die Jünger in Jerusalem und sie sandten Barnabas hin, der sich davon überzeugen und helfen sollte. Als Barnabas dort ankam, erkannte er, dass Gott etwas Wunderbares hatte geschehen lassen, und freute sich, wie die Gnade Gottes in ihren Herzen wirkte.

Aber er sah, dass diese jungen Gläubigen zu Jüngern gemacht werden mussten. Er wusste auch, dass diese Aufgabe ihn allein überfordern würde. Er erinnerte sich, dass Gott ganz besonders Paulus zum Dienst an den Heiden berufen hatte. So reiste er nach Tarsus, um ihn zu suchen. Paulus erkannte, dass Gott die Tür geöffnet hatte und kehrte mit Barnabas zurück nach Antiochia, wo sie ein Jahr mit der Unterweisung und Schulung der Bekehrten aus den Heiden zubrachten (Apg. 11,26). Hier lesen wir erstmalig von der örtlichen Gemeinde in Antiochia. Der aufmerksame Bibelleser wird bemerkt haben, dass Evangelisieren, Jünger machen und Gemeindebau in dieser Reihenfolge genannt werden. Bis zu diesem Punkt war Antiochia eine empfangende Gemeinde. Beachte einige Merkmale der dortigen Gemeinde in ihrer Entwicklung von einer empfangenden zu einer sendenden Gemeinde.

Antiochia – eine gesunde örtliche Gemeinde

Es war *eine wachsende Gemeinde*. Davon lesen wir zweimal in Apostelgeschichte 11,20-26. Vers 21 sagt: »Und des Herrn Hand war mit Ihnen, und eine große Zahl, die gläubig wurde, bekehrte sich zum Herrn.« Und in Vers 24 heißt es: »… und eine zahlreiche Menge wurde dem Herrn hinzu getan.« Wachstum zeigt Gesundheit an.

Es war *eine lehrende Gemeinde*. Es wurden nicht nur Menschen errettet, sondern man lehrte sie auch die Wahrheiten des Wortes Gottes und den Gehorsam dem gegenüber. Barnabas »ermahnte alle, mit Herzensentschluss bei dem Herrn zu verharren« (Vers 23). Sowohl er als auch Paulus lehrten eine zahlreiche Menge und die Jünger wurden zuerst in Antiochia Christen genannt (Vers 26).

Es war *eine besorgte Gemeinde*. Als sie von der Hungersnot in Judäa hörten, sammelten sie Geld und schickten es dorthin. »Sie beschlossen aber, dass (je nach dem) wie einer der Jünger begütert war, jeder von ihnen zur Hilfeleistung den Brüdern, die in Judäa wohnten (etwas) senden sollte« (Vers 29).

Es war *eine strukturierte Gemeinde*. Eine Gruppe von Leitern, die Propheten und Lehrer waren, kümmerten sich um die Belange der örtlichen Gemeinde, und wir sehen in Apostelgeschichte 13,1.2, wie sie sich zu diesem Zweck trafen. Obwohl diese Männer aus verschiedenen Hintergründen kamen, arbeiteten sie harmonisch als Hirten der Herde zusammen.

Es war *eine geistliche Gemeinde*. Die Ältesten beteten, fasteten und warteten auf Gottes Antwort (Apg. 13,2.3). Vergleiche diese geistliche Übung mit vielen heute typischen Leitertreffen, wo wichtige Dinge beschlossen werden, und nur minimal gebetet und auf Gott gewartet wird.

Beachte die Verbindung der kräftigen, gesunden Gemeinde in Antiochia mit der wirksamen Missionsarbeit, die hier ihren Anfang nahm. Als Paulus und Barnabas abreisen sollten, um von dort aus andere Teile der Welt zu erreichen, nennt Apostelgeschichte 13,1-3 nicht ihre Last zu gehen, sondern die Last der Gemeinde, sie auszusenden. Als die Leiter der örtlichen Gemeinde gemeinsam beteten und fasteten, verstanden sie den Geist Gottes: »Sondert mir nun Barnabas und Saulus zu dem Werk aus, zu dem ich sie berufen habe.«

Antiochia – eine sendende Gemeinde

Als den Leitern die Absicht des Geistes Gottes deutlich wurde, zwei von ihnen für die Evangelisation im Ausland auszusondern, handelten sie im Gehorsam und legten ihre Hände auf diejenigen, welche der Geist ihnen gezeigt hatte. Das Handauflegen der Ältesten war ein öffentliches Zeichen dafür, dass die Gemeinde sich mit ihnen in der Arbeit identifizierte, die sie für Gott ausführen würden. Es ist hier wichtig zu beachten, dass die örtliche Gemeinde das Zentrum für all diese Handlungen war. Es war die Gemeinde in Antiochia, die den Ruf Gottes hörte und beantwortete, indem sie die zwei aussandten (wörtlich: »entließen sie sie« für den Dienst, zu welchem sie berufen waren). Somit wurde Antiochia zu einer »sendenden Gemeinde«. Der normale biblische Weg für eine örtliche Gemeinde ist, dass diese von einer empfangenden zu einer sendenden Gemeinde heranwächst.

Als Paulus und Barnabas die Gemeinde in Antiochia verließen, waren sie der Gnade Gottes anbefohlen worden zu dem Werk (Apg. 14,26). Das Wort »anbefehlen« wird an anderen Stellen auch mit »verraten« oder »überliefern« übersetzt, wie z.B. bei Judas Iskariot. In beiden Fällen bedeutet es »an jemand anderen übergeben, überliefern«. Die Gemeinde in Antiochia übergab die zwei Männer der Gnade Gottes, die während ihrer Abwesenheit nicht direkt unter der Autorität der Gemeinde stehen würden. Die Gemeinde würde nicht in der Lage sein, einen engen Kontakt zu ihnen aufrecht zu erhalten. So zeigten sie ihre Besorgnis und Unterstützung, indem sie den Missionaren die Hände auflegten. Die Einfachheit und Schönheit dieser Handlung, wie sie deren zukünftigen Weg Gott übergaben, ist auffallend. Es gab keine Organisation, keinen Missionsausschuss, keine Garantien, keine Bürgschaft – geistliche Männer wurden einfach von einer geistlichen Gemeinde Gott anbefohlen, ein Werk zu Seiner Ehre auszuführen. Das war schön in seiner Einfachheit.

Antiochia – das Modell einer Gemeinde

Als Paulus und Barnabas die örtliche Gemeinde in Antiochia verließen, gingen sie in dem Bewusstsein voran, Gott erwarte im Gemeindebau Frucht von ihnen. Die Gemeinde in Antiochia war ihr Vorbild dazu. Da Gott sie in der Gemeinde zu Antiochia gebraucht hatte, verstanden sie Gottes Plan, dass sie andere örtliche Gemeinden wie diese aufbauen sollten. Wir verfolgen hier nicht die einzelnen Missionsreisen, sondern wir wollen den Plan herausstellen, andere örtliche Gemeinden wie die Heimatgemeinde in Antiochia zu gründen. Antiochia war das Modell für die Prinzipien des Gemeindebaus auf dem Missionsfeld.

Die Rolle der örtlichen Gemeinde

Die Eigenschaften, die die gesunde Gemeinde in Antiochia aufwies, sollten die neuen Gemeinden in Kleinasien prägen. Wir haben gesehen, dass in Antiochia die Kennzeichen Wachstum, Lehre, Bemühung, Struktur, Leiterschaft und Geistlichkeit vorhanden waren. Die kulturellen Äußerlichkeiten mögen an den verschiedenen Orten sehr unterschiedlich sein. Dinge wie Sprache, Musik, Kleidung, Sozialstruktur und Gebräuche sind in jeder Kultur verschieden. Paulus und Barnabas sollten nicht die kulturellen Aspekte der Gemeinde in Antiochia woanders hinbringen, sondern die geistlichen Aspekte. Nur in den geistlichen Aspekten war Antiochia das Vorbild.

Eine treue Missionsgemeinde

Als Paulus und Barnabas Abschied genommen hatten und nach Zypern und später nach Kleinasien segelten, bedeutete das nicht das Ende der Verbindung zu der Gemeinde, die sie ausgesandt hatte. Die Gemeinde in Antiochia hatte weiterhin ein lebhaftes Interesse an der Arbeit. Ihre Aufgabe war, neue örtliche Gemeinden zu bauen, wovon Apostelgeschichte 13 und 14 berichtet. Während der zwei Jahre, seit sie ausgegangen waren, hatten Paulus und Barnabas mindestens vier örtliche Gemeinden errichtet. (Diese waren in Antiochia, in Pisidien, Lystra, Ikonion und Derbe.) Sie waren besonders für dieses Werk der Gemeindegründung ausgesandt worden und erstatteten auch Bericht darüber, als das Werk getan war. Vergleiche Apostelgeschichte 13,2, wo die Rede davon ist, dass der Geist sie zu dem Werk berief, mit Apostelgeschichte 14,26.27, wo die Missionare berichteten, dass das Werk erfüllt war. Es war ein besonderes Werk, und die Gemeinde in Antiochia war interessiert daran, von dessen Abschluss zu hören. Die Heimatgemeinde hielt ein fortwährendes

Interesse daran aufrecht, was Gott durch den Dienst der Missionare im Gemeindebau tat. Bei der Rückkehr von Paulus und Barnabas wurde die Gemeinde zusammen gerufen und sie erzählten alles, »was Gott mit ihnen getan und dass Er den Nationen eine Tür des Glaubens geöffnet habe« (Apg. 14,27).

Die Rolle der örtlichen Gemeinde in Antiochia war hiermit jedoch nicht beendet. Nach ihrer ersten Missionsreise blieben Paulus und Barnabas einige Zeit bei den Jüngern in Antiochia (Apg. 14,28). Sie waren mit auf dem Konzil in Jerusalem (Apg. 15,1-35). Danach kehrten sie nach Antiochia zurück, um dort zu lehren und zu predigen (Apg. 15,35). Danach gingen Paulus und Barnabas wieder von Antiochia aus auf ihre zweite Missionsreise, um die bestehenden Gemeinden zu stärken und andere zu bauen (Apg. 15,36.40.41).

Das Wichtige hierbei ist, dass die sendende und empfehlende Gemeinde in Antiochia weiterhin der Mittelpunkt im missionarischen Dienst von Paulus und Barnabas war. Dieses Vorgehen ist in der missionarischen Arbeit heutzutage weitestgehend verloren gegangen. Meist ist es heute so: Ein Kandidat interessiert sich für die Missionsarbeit und dann geht er zur Ausbildung auf eine Bibelschule. Dort mag sein Interesse konkreter werden, weil Vertreter von verschiedenen Missionswerken den Bibelschülern ihre besondere Arbeit vorstellen. Die meisten evangelikalen Missionswerke sind im Wesen interkonfessionell und haben keine Verbindung zu einer besonderen Gemeinde. Entweder haben sie ein spezielles Arbeitsgebiet, (z.B. die Nordafrika Mission) oder einen speziellen Dienst (z.B. Wycliff Bibelübersetzer).

Der Kandidat bewirbt sich dann bei der Organisation oder Mission, an der er interessiert ist. Wenn er angenommen wird, wird die Richtung seiner zukünftigen Schritte in der Ausbildung für das Missionsfeld von der Mission vorgegeben. Wenn er ausgelernt hat, wird der neue Missionskandidat aufgefordert, all die Gemeinden und Personen zu besuchen, um Zusicherungen für finanzielle Unterstützung zu erhalten, bis der von der Mission vorgeschlagene Betrag beisammen ist. Jetzt wird der frisch gebackene Missionar aufs Missionsfeld geschickt, und sein Dienst beginnt. Bei all diesen Schritten ist die Rolle der örtlichen Gemeinde wahrhaftig sehr gering. Referenzschreiben und Zusicherung für finanzielle Unterstützung sind eigentlich alles.

Man sieht, dass hier der biblische Platz der örtlichen Gemeinde vom Missionsausschuss übernommen wurde. Es ist nicht unsere Absicht, solche Ausschüsse zu beurteilen, oder die vielen guten Gründe für ihre Existenz. Aber zweifellos steht beim biblischen Vorbild die örtliche Gemeinde im Mittelpunkt. Je mehr deine örtliche Gemeinde diesem Ideal entspricht, desto biblischer wird das missionarische Ergebnis sein. Es gibt noch Hunderte von Missionaren und örtlichen Gemeinden, die diese Prinzipien des Neuen Testaments über Mission und Heimatgemeinde anwenden. Zum Schluss der Lektion wollen wir die ideale biblische Rolle der örtlichen Gemeinde in der Weltmission betrachten.

Die örtliche Gemeinde ist das Ergebnis missionarischer Arbeit

Die schlichte Tatsache der Existenz irgendeiner Gemeinde ist, dass sich irgendwer irgendwann bemühte sie zu gründen. Praktisch gesehen ist jede Gemeinde das Ergebnis von missionarischer Arbeit. Wenn andere Menschen, die vielleicht sogar einer früheren Generation angehörten, den Eifer hatten, deine örtliche Gemeinde zu bauen, sollten jetzige Glieder nicht zulassen, dass sie steril und unproduktiv wird. Jede gesunde Gemeinde sollte danach streben, sich zu vervielfältigen. Ob dadurch eine Gemeinde in der Heimat oder im Ausland entsteht, ist nur eine Sache der Entfernung. Alle lebenden Organismen bestehen, um sich zu vervielfältigen. Der geistliche Organismus der örtlichen Gemeinde macht keine Ausnahme.

Die örtliche Gemeinde ist ein Kundschafter für Neulinge in der Mission

Die neutestamentliche Gemeinde wird aktiv Männer und Frauen suchen, die Gott in der Mission gebrauchen kann. Um dem Beispiel von Antiochia zu folgen, müssen solche Menschen aktiv gesucht werden. Dort waren es die Ältesten, die den Ruf des Geistes vernahmen und vom Geist den Auftrag bekamen, Paulus und Barnabas zur Mission auszusondern. Zu oft wird dieses Muster heutzutage umgedreht, wenn solche, denen die Mission auf dem Herzen liegt, dieses Anliegen mit den Ältesten besprechen, die nie zuvor an diese Möglichkeit gedacht haben. Die Leiter der örtlichen Versammlung sollten im Gebet zu erfahren suchen, wen Gott aus der Gemeinde für einen besonderen Dienst haben will. Wenn sie dann jemanden im Sinn haben, sollten sie mit ihm darüber beten.

Es liegt an den Leitern, mit den jungen Leuten in dieser Hinsicht zu reden und sie betreffs weiterer Schulung und Schritten zur Ausbildung zu beraten. Solche Leiter werden sich bemühen, um Erfordernisse und Möglichkeiten kennen zu lernen. Das kommt aber leider selten vor. Begeisterte junge Leute werden allzu oft durch Leiter von örtlichen Gemeinden entmutigt, die wenig Sicht für die weltweite Arbeit haben, oder die ihre Sicht für Weltmission nicht vermitteln. Die möglichen Kandidaten werden dann wahrscheinlich selbst etwas in die Wege leiten. Wenn sie eine Richtung einschlagen, die den Leitern später nicht gefällt, müssen sie sich selbst Vorwürfe machen. Ihr Interesse und ihr Rat sind wichtig in Gottes Plan für Gemeinde und Mission. Möge Gott uns Leiter geben, die klar sehen, eine weltweite Vision haben und Mitarbeiter suchen für die Weltmission.

Die örtliche Gemeinde ist ein Ausbildungsort für Missionare

Es gibt keine bessere Schule für Missionare als die örtliche Gemeinde. Man sucht hauptsächlich nach anderen Möglichkeiten der Ausbildung, weil die Ortsgemeinde in ihrer Aufgabe versagt hat. Im Idealfall werden Bekehrte in der Ortsgemeinde zu Jüngern gemacht. Sie sollten in all den verschiedenen Aspekten der örtlichen Versammlung Verantwortung bekommen und wie in der Lehrlingsausbildung (Jüngerschaftstraining) all die verschiedenen Aufgaben erlernen. Die Ältesten sollten jüngere Brüder zu Hirtendienst und Evangelisation mitnehmen und ihnen die Möglichkeit geben, ihre eigenen Gaben zu entwickeln. Sie sollten sie zu Anbetung und Gebet ermutigen. Sie sollten ihnen beibringen, wie sie das Wort Gottes wirksam studieren und andere zu Jüngern machen. Jeder reife Christ der örtlichen Gemeinde sollte ein Paulus sein, der einen Timotheus ausbildete.

Natürlich kann es auch eine spezielle Ausbildung an Schulen geben, und ein wachsamer Leiter wird solche Ausbildungsplätze kennen und sie vorschlagen. Aber so eine Schule wird nie in der Lage sein, all das zu lehren, was man in der Gemeinde mitbekommt. Ein Punkt der Ermutigung ist, dass die Ortsgemeinde nicht perfekt sein muss, um erfolgreich zu sein. Es gibt einige Punkte, wo eine weniger ideale Versammlung dem potenziellen Missionar wunderbare Charakter bildende Möglichkeiten bietet.

Die örtliche Gemeinde ist eine Bücherei für Information über Mission

Deine Versammlung sollte verschiedene Missionszeitschriften zur Verfügung stellen, damit du laufend neue Informationen über die Missionsarbeit bekommst. Es sollten Listen mit Gebetsanliegen für die Missionare verteilt werden. In der Bücherei der Versammlung sollten auf jeden Fall einige Biografien von Missionaren vorhanden sein. Gott hat diese Bücher über Jahre hin benutzt, um Hunderte in die Missionsarbeit zu führen. Einige der herausragenden Biografien sind die von Jim Elliot, Fred Arnot oder Friedenskind, aber es gibt Dutzende mehr.

Die Briefe von Missionaren sollten der Versammlung vorgelesen werden, um das Interesse aufrecht zu erhalten. Die Missionare selbst sollten ermutigt werden, zu kommen um zu berichten, was Gott durch sie tut. Es gibt kaum eine Entschuldigung für jemanden, der seit einigen Jahren einer Gemeinde angehört und nicht über den Stand der heutigen Missionsarbeit informiert ist.

Die örtliche Gemeinde ist eine Energiezentrale durch Missionsgebet

Diese Gebete können kaum überbetont werden. Einer der Hauptgründe für ernstes Gebet sollte der Gedanke an die verlorene Welt sein. Es ist ratsam, den Platz, den die Gebete in der Apostelgeschichte einnahmen zu vergleichen mit dem Platz, den sie in unseren Gemeinden innehaben. Fast jedes Kapitel der Apostelgeschichte leuchtet mit Gebet. Das Feuer, das die frühen Apostel anspornte, war durch Gebete genährt.

Jede Gebetsversammlung sollte neue Informationen bieten, wofür die Gläubigen konkret beten können. Die meisten Kinder Gottes erfahren zu wenig davon, was sich an den verschiedenen Orten ereignet.

Die örtliche Gemeinde ist eine Schatzkammer für Missionsgaben

Gott vertraut jeder örtlichen Gemeinde Geld an, das für die Verbreitung des Evangeliums genutzt werden soll. Die Leiter sollten darauf bedacht sein, mit diesem Privileg weise umzugehen; mit Sicherheit werden Gaben für die Mission dabei sein. Sorgfältig muss überlegt werden, wem und wohin Geld geschickt werden soll. Die Ortsgemeinde sollte solche Missionare unterstützen, die sich am engsten an das Muster vom Neuen Testament halten. Nicht jede gut aufgemachte Broschüre mit einer Bitte um Spenden muss mit einem Scheck von der Versammlung beantwortet werden. Einige der ruhigsten Missionare, die kaum auf sich aufmerksam machen, sind auf wunderbare Weise vom Herrn gebraucht. Gesunde Versammlungen werden einige davon kennen und Spenden aus der Gemeinde an sie weiterleiten. Wir leben in einer Kultur, die durch raffinierte Werbemethoden stark beeinflusst ist. Zu viel dieser Technik hat sich in christliche Kreise und sogar in die Mission eingeschlichen. Sei weise in der Verwendung des Geldes, das dem Herrn gehört. Erinnere dich daran, dass uns im Vorbild des Neuen Testaments vornehmlich das Geben durch die Ortsgemeinde gezeigt wird.

Die örtliche Gemeinde ist ein Planungszentrum für missionarische Strategie

Ernsthafte Älteste der örtlichen Gemeinde sollten sich Zeit nehmen und darüber nachdenken, welchen Anteil sie im Plan Gottes für die Evangelisation der Welt haben. Dann sollten sie Schritte unternehmen um ihre Verantwortung zu erfüllen. Wenn sie das tun, werden sie von Gott Weisung erbitten, wen sie wohin und zu welchem Zweck aussenden sollen. Sie werden jüngere Menschen aktiv schulen. Sie werden die Gemeinde im Gebet und im Geben für die Mission anleiten. Sie werden ihre Arbeit auch in der Heimat erweitern, und andere örtliche Gemeinden werden bewusst gebaut werden. Gerade so wie Eltern für ihre Kinder planen und sie zum Ziel führen, so werden auch die Aufseher für ihre Herde, die Gott ihnen anvertraut hat, sorgen.

Die örtliche Gemeinde ist ein Zentrum, von wo neue Missionare ausgesandt werden

Wenn die zukünftigen Arbeiter vorbereitet sind und die Gemeinde bereit ist, ist die Zeit gekommen, die neuen Arbeiter auszusenden. Die Versammlung hat inzwischen volles Vertrauen zu den neuen Missionaren gewonnen, weil sie eine lange Zeit miteinander gearbeitet haben. Genau so werden die Arbeiter auf die Weisheit und die Führung der Versammlung vertrauen. So wie Paulus und Barnabas von Antiochia ausgesandt wurden, wird es sein, wenn die örtliche Gemeinde vorbereitete Arbeiter aussendet zu einer Arbeit, die Gott segnen wird.

Wenn die enge Verbindung zwischen Gemeinde und Missionaren aufrecht erhalten bleibt, wird auf beiden Seiten das Interesse bestehen bleiben. Die Arbeiter werden sich der Unterstützung vor dem Gnadenthron sicher sein, egal welche Versuchungen und Schwierigkeiten sich auftun werden. Diese können ohne Verlegenheit mitgeteilt werden, weil die Geschwister treu in Gebet und Liebe hinter ihnen stehen. Zweifellos wird die örtliche Gemeinde einen Teil der einlaufenden Spenden von Zeit zu Zeit den Missionaren zukommen lassen. Es wäre auch gut, wenn jemand aus der Gemeinde die Missionare persönlich besucht und einen aktuellen Bericht über das, was Gott dort tut, mitbringt. Durch diese und andere Möglichkeiten wird das Anliegen in der Heimatgemeinde brennend gehalten. So sollte es sein.

Zusammenfassend betonen wir noch einmal, dass die Rolle der örtlichen Versammlung zentral und lebenswichtig in Gottes Missionsplan ist. Wenn die Mission sich nicht ausbreitet, liegt der Fehler wahrscheinlich in der örtlichen Gemeinde. Wenn Organisationen das übernehmen, was eigentlich die Gemeinde tun sollte, sollten wir die Organisationen nicht kritisieren, sondern die Gemeinde beleben und sie zur ihrer biblischen Rolle zurückführen.

Fragen für Studium und Diskussion zu Lektion 7:

1. Warum haben Plan und Ziel Gottes für die Mission ihren Mittelpunkt in der Gemeinde?

2. Diskutiere die Kennzeichen, die die örtliche Gemeinde in Antiochia zu einer gesunden Gemeinde machten. Wie schneidet deine örtliche Gemeinde ab, wenn man sie mit der in Antiochia vergleicht? Was kannst du tun, um zu helfen und die Situation zu verbessern?

3. Welche Rolle übernimmt die Gemeinde, wenn sie Gläubige »für das Werk der Gnade Gottes anbefiehlt«? Was ist bedeutet dieses Empfehlen?

4. Diskutiere das Fehlen einer Organisation, von Missionsausschüssen, Garantien und finanziellen Versprechen, als die Ortsgemeinde in Antiochia ihre ersten Missionare aussandte. Ist das für uns heute ein Vorbild?

5. Welche Rolle soll eine örtliche Gemeinde aus biblischer Sicht ihren Missionaren gegenüber einnehmen? Vergleiche das, was du herausgefunden hast, mit dem, was heute in der Missionsarbeit üblich ist. Was schließt du daraus und was wirst du tun?

6. Welche biblische Rolle soll die örtliche Gemeinde beim Rekrutieren von Missionaren einnehmen?

7. Wie können potenzielle Missionare in der Ortsgemeinde ausgebildet werden?

8. Wie können das Interesse an Mission und Informationen in deiner Ortsgemeinde verbreitet werden?

9. Besprich die Rolle der Ortsgemeinde als Kanal, Spenden zu den Missionaren und zur Arbeit des Herrn weiterzuleiten. Welche Gefahren müssen bei einer weisen Verwaltung von Mitteln, die einzelnen Personen oder der Gemeinde anvertraut sind, vermieden werden?

10. Welche Schritte sollten unternommen werden, bevor eine örtliche Gemeinde bereit ist, Missionare zu empfehlen und auszusenden?

Kein Militäreinsatz kann durchgeführt werden, ohne dass der Versorgung ganz besondere Aufmerksamkeit geschenkt wird. Ohne sie können die Soldaten nicht ernährt oder ausgerüstet werden. Ohne sie ist der Kampf hoffnungslos. Jeder militärische Taktiker wird versuchen, dem Feind die Versorgungslinie abzuschneiden. Sie ist lebenswichtig. Im geistlichen Kampf, den wir Mission nennen, braucht man auch Versorgung, damit die christlichen Soldaten auf dem Missionsfeld gute Arbeit leisten können. Wie die Soldaten einer Armee müssen auch sie ernährt, gekleidet und ausgerüstet werden. Der Unterschied ist, dass im Fall von Mission nur ein Teil davon mit Geld erworben und in Kisten verschifft werden kann. Der andere Teil der logistischen Unterstützung ist geistlich, und das ist heute für die Sache des Herrn Jesus Christus auf Erden ungeheuer wichtig. In diesem Studienteil wirst du sowohl die geistlichen als auch die materiellen Aspekte der Unterstützung in der Weltmission betrachten.

Geistliche Logistik

Die Missionsarbeit der Gemeinde kommt einem Weltkrieg gleich. Starke Streitkräfte der gottlosen Mächte haben sich mit dem erklärten Ziel verschanzt, den geistlichen Angriff zunichte zu machen, der genau in diesem Augenblick an tausend Fronten gekämpft wird. In jedem Krieg, der auf feindlichem Gebiet ausgetragen wird, sind die logistischen Probleme ein besonderes Anliegen. Zweifellos ist in der Logistik für Mission das Gebet ein äußerst wichtiges Anliegen. Angemessene Versorgung mit geistlichen Waffen, geistlicher Stärke und geistlichen Arbeitern sind direkt abhängig vom Gebet. Nur durch Gebet kann geistiger, bösartiger Widerstand des Feindes besiegt werden. Allein das Predigen ist nicht genug. Soziale Programme helfen auch nicht. Traktate und evangelistische Kassetten genau so wenig. Gott kann diese oder andere Geschosse benutzen, um die Mauern des Widerstands zu zerschmettern, aber die Kraft, die hinter diesen Methoden steht, ist die dynamische Kraft Gottes selbst. Nur Er kann den Sieg geben. Wie? In Beantwortung von vertrauendem Gebet. Er ist nicht auf Gebet angewiesen, weil Er souverän ist, aber *Er hat beschlossen, durch Gebet zu wirken.* Genau in diesem Punkt hat jeder hingegebene Christ größte Verantwortung für die Weltmission, aber gerade hierin versagt die überwiegende Mehrheit der Christen.

Mächtig durch Gebet

Die Bitte eines Missionars um Gebet wird oft beantwortet mit einer prahlerischen Unterschrift auf einem Scheck oder mit einem »wissenden Lächeln« und einem Klaps auf die Schulter mit dem Versprechen »wir bleiben in Verbindung«. Gott sei Dank, dass es solche Reaktionen gibt, aber es wurde um Gebet nachgesucht. Die meisten von uns stimmen dem bei, dass Gebet in der Schlacht für Seelen entscheidend ist, aber wie viele von uns kämpfen wirklich im Gebet? Die Firma, die Familie und das Vergnügen nehmen praktisch all unsere Zeit in Anspruch. Das persönliche Einbringen im Kampf der Weltevangelisation ist kaum mehr als ein Seufzer »segne die Missionare«, wenn wir unsere Füße zwischen die kühlen Bettlaken strecken.

Eine neu erschienene Veröffentlichung über Mission schreibt: »Beten für die Missionare ist das allereinfachste, was du tun kannst.« Das ist weit entfernt von der Wahrheit. Tatkräftig für die Stoßtruppen Gottes zu beten ist sehr schwierig, weil hier die Schlacht gegen die Mächte der Finsternis beginnt. Die meisten von uns können den Missionaren viel leichter einen Scheck über 20 Euro ausstellen, als 20 Minuten lang beten. Ein Euro pro Minute kann ein gutes Geschäft sein, aber der Wert kann nicht verglichen werden mit der Zeit, die zur Gebetsunterstützung investiert wird. Für das Geld kann man Lebensmittel und Benzin kaufen, aber das ernsthafte Gebet eines Gläubigen setzt eine ungeheure Kraft frei – »die Kraft Gottes zur Errettung«.

Betet!

Was regt uns zum Gebet an? Wir wollen ehrlich sein. Viele von uns beten tatsächlich nicht persönlich für unsere Missionare, außer vielleicht mit der allgemeinen Phrase »Herr, segne alle Missionare«. Wenn gelegentlich ein Unglück oder eine Tragödie hereinbricht, sind wir – für kurze Zeit – zum Gebet angeregt. Manchmal zeigt ein Missionar Dias von einigen verkrüppelten Menschen und erzählt eine Geschichte, die uns berührt, dann beten wir wieder. Aber bald haben wir alles vergessen. Wir sind schnell bereit, Ausreden zu finden; wir mögen sogar den Missionar kritisieren, weil sein Gebetsbrief auf billigem Papier ohne farbige Illustrationen oder »interessante« Berichte gedruckt ist. Wir vergleichen die Briefe aus dem innersten Afrika mit hochwertigen Produktionen auf Glanzpapier mit modernem Layout und Farbwiedergaben, mit einem frankierten Rückumschlag, mit einer Einzugsermächtigung oder Erlagschein für dein »freiwilliges Opfer«. (Manche davon sind so auf Wettbewerb zugeschnitten, wie eine moderne Zahnpastawerbung.) Aber mit Sicherheit hatte der Herr so etwas nicht im Sinn, als Er sagte »Betet deshalb«. Ganz sicher ist die Liebe Christi die echte Grundlage für Missionsgebet und für Gaben (2. Kor. 5,14). Der Herr Jesus weinte, als er die Menschheit mit einer Herde Schafe ohne Hirten verglich. Wenn unser Dienst von Herzen käme und nicht nur von den Lippen, würden wir oft auf den Knien liegen und unter Tränen um Seelen ringen. Wenn wir wirklich gute Mitarbeiter sind, treffen wir uns vor dem Gnadenthron.

Wir müssen beten mit dem Ansporn der Liebe Christi und Einsicht aus der Schrift. Wir müssen mit genug Interesse beten, um Informationen aus verschiedenen Quellen zu sammeln und sie vor den Herrn zu bringen. Wir müssen im Bewusstsein unserer eigenen Schwachheit beten (und der der Missionare). Das ist neutestamentliches Beten, unabhängig von farbigen Flugblättern und gut aufgemachten Filmen, sondern aus einem Herzen, das voll der Liebe Gottes für eine verlorene Welt ist.

Wenn ihr betet, so sprecht ... (Lk. 11,2)

Der Soldat muss, wie wirksam seine Waffe auch ist, auf den Feind zielen, um sie zur Wirkung zu bringen. Manche Gläubige wissen nicht, wie sie ihre Gebetswaffen einsetzen sollen.

Bete für die Missionare selbst. Denke daran, dass sie Menschen sind wie du, mit den gleichen Neigungen. Sie können das Bibelstudium schleifen lassen und in Zeiten von Gebetslosigkeit abdriften. Sie haben Probleme mit den Nerven oder mit Krankheiten. Sie werden durch Stolz, Reizbarkeit und Empfindlichkeit versucht werden. Sie können in die Falle des Feindes bezüglich Geld oder falscher Moral tappen. Sie können mit einer besonderen Lehrbetonung in die falsche Richtung gehen. Sie können unverständige Mitarbeiter haben, oder selbst anderen gegenüber unvernünftig sein. Einsamkeit, die fremde Sprache und mangelnde Liebe sind alles Anliegen, die du für die Missionare, die du kennst, im speziellen Gebet vorbringen kannst. Sie haben die gleichen Probleme, wie alle anderen Menschen auch.

Bete für die Arbeit. Interessiere dich selbst dafür und sammle Informationen von den Quellen, die du erreichen kannst. Warte nicht, bis du wie mit einem Löffel gefüttert wirst. Man kann viel Material von den Missionaren selbst bekommen, oder aus Gebetshandbüchern, aus Veröffentlichungen über Mission oder Zeitschriften finden (siehe die empfohlene Liste von englischem Material am Ende dieser Lektion). Wenn Missionare in deiner Nähe vorbeikommen, dann achte auf Informationen und nicht auf deine Unterhaltung. Das wird einen großen Unterschied ausmachen. Es ist erstaunlich, wie schnell du einen Berg von Informationen zusammentragen kannst, die Brennstoff für das Feuer deiner Fürbitte sind. Sprich mit anderen, die Kenntnisse vom Missionsfeld und den verschiedenen Gebetsanliegen haben. Viele unserer Schwestern haben sich diesbezüglich durch ihr Interesse und Teilnahme an Missionsgebetstunden sehr bemüht. Möge Gott noch mehr Frauen und auch Männer hinzu tun. Du wirst bald wissen, wer Radiosendungen und biblische Korrespondenzkurse macht, wer Literatur, Krankenhäuser usw. Wie wird das deine Gebetszeit verändern, und was für eine Freude wirst du haben, wenn von Fortschritten und Erhörungen berichtet wird.

Bete speziell für einheimische Gemeinden auf dem Missionsfeld. Vielleicht ist die wichtigste Aufgabe des Missionars, einheimische Gemeinden zu gründen. Der Feind kennt die Bedeutung der örtlichen Gemeinde, und sein Angriff richtet sich oft gegen diese. Wenn du die Bedürfnisse deiner eigenen Gemeinde kennst, kannst du auch für die anderen Gemeinden beten, sogar wenn sie mitten im Dschungel sind. Cliquenwirtschaft, moralische Sünde, Stolz, Macht und Spaltung können zum Schiffbruch dieser geistlichen Festungen führen. Hinzu kommen Nationalismus, Aberglaube, falscher Umgang mit Geld und Stammesfehden, das alles ruft uns zu inbrünstigem und wirksamem Gebet.

Herr, lehre uns beten

Die Abschlussreden von Tausenden missionarischer Treffen sind immer wieder »Brüder, betet für uns«, wobei die Diener Gottes den Wert von Fürbitte betonen. Aber wenn es zum kritischen Moment kommt, beten die meisten von uns wirklich nur oberflächlich für die Mission. Wir wollen demütig vor dem Herrn werden, unsere Sünden bekennen und von Ihm, unserem großen Vorbild, lernen. (Studiere die Gebete des Herrn im Lukasevangelium.) Lasst uns unseren Frontkämpfern durch den Dienst in der Fürbitte die »Lufthoheit« zusichern. Paulus großartige Passage über christliche Kriegsführung endet mit den Worten: »Mit allem Gebet und Flehen betet zu jeder Zeit im Geist, und wachet hierzu in allem Anhalten und Flehen für alle Heiligen« (Eph. 6,18).

Materielle Unterstützung

Nachdem wir die geistliche Unterstützung für die Weltmission durch Gebet betrachtet haben, sollten wir uns jetzt der materiellen Seite der Unterstützung zuwenden. An erster Stelle wurde das Gebet genannt, weil es am wichtigsten ist, aber am meisten vernachlässigt wird. Irgendwie neigen wir in unserer materialistischen Kultur dazu, zu denken, dass Genie und Reichtum jedes Hindernis überwinden und fast jedes Ziel erreichen können. Das mag wahr sein, wenn man einen Menschen zum Mond schicken will, aber es scheitert, wenn man Menschen in eine lebendige Beziehung zu Christus bringen will. Wenn jedoch die geistliche Seite der Mission gesund ist, ist es notwendig, dass man der materiellen Seite Aufmerksamkeit schenkt. Obwohl das Materielle nicht das Allerwichtigste ist, ist es doch notwendig. Missionare haben Körper, die ernährt und gekleidet werden müssen. Missionare ziehen von Ort zu Ort, daher ist ein Transportmittel notwendig. Missionare brauchen Ausrüstung, die bezahlt werden muss. Missionare arbeiten zum Wohl der Einheimischen an sozialen Aufgaben, wozu sie materielle Dinge benötigen. Im zweiten Teil dieser Lektion widmen wir uns den Prinzipien der Schrift über finanzielle Unterstützung der Weltmission.

Bevor einige Fragen über das Geben beantwortet werden, musst du auf jeden Fall verstehen, dass der materielle Anteil der Unterstützung nicht vom geistlichen getrennt werden kann. Es ist einfach falsch zu denken, Gebet sei geistlich und Geben materiell, als ob die Unterstützung für das Werk des Herrn sich nicht unterscheiden würde von der Unterstützung eines Wohltätigkeitsfonds. Behalte immer im Gedächtnis, dass die Aufgabe der Weltmission geistlich ist, und dass jeder Aspekt hierbei geistlich motiviert und geistlich durchgeführt werden muss und als Ergebnis geistlichen Segen davonträgt. Gaben und Geldspenden zu diesem Zweck tragen geistlichen Charakter und müssen wirklich so verstanden und eingeschätzt werden. Die Gemeinde in Philippi sandte dem Paulus mehrmals Geldspenden (Phil. 4,16). Paulus nennt diese Gaben einen »duftenden Wohlgeruch, ein angenehmes Opfer, Gott wohlgefällig« (Phil. 4,18). Die Gläubigen in Philippi zeigten den wahren Geist des Gebens, der grundsätzlich ein praktischer Ausdruck warmherziger geistlicher Fürsorge ist.

Wer sollte für Mission geben?

Ganz einfach: Das Werk Gottes sollte durch die Kinder Gottes unterstützt werden. Obwohl viele christliche Gruppen sich wegen Spenden an Ungläubige wenden, gibt es dafür in der Schrift überhaupt keinen Hinweis. Unser Gott, der die Welt und alles, was darin ist, geschaffen hat, sie besitzt und beherrscht, ist nicht so arm, dass Er nicht alles was Er ausführen will, zur Vollendung führen könnte. In unserer Zeit erbitten solide christliche Organisationen Geld von Unternehmen und Firmen. Sie sagen, es sei zur Ehre Gottes und zur Förderung Seines Reichs. Jedoch ist es schwer zu verstehen, wie sie denken können, Gott werde geehrt, indem man Mittel von der Welt benutzt, um das Evangelium zu den Verlorenen zu bringen. Der Apostel Johannes schreibt von den Dienern Gottes »Denn für den Namen sind sie hinausgegangen, und sie nehmen nichts von den Heiden« (3. Joh. 7). Jeder christliche Missionar sollte dieses biblische Prinzip im Gedächtnis behalten.

Warum sollen Gläubige für die Mission geben?

Diese Frage erhebt sich bei der Motivation fürs Geben. Was sollte das Volk Gottes veranlassen, für das Werk des Herrn zu geben? Diese Frage wollen wir im Licht der Bibel ernsthaft betrachten. Leider ist viel von der biblischen Motivation verloren gegangen, und Christen wurden dahin geführt, eher Spendenaufrufen zu folgen, die auf

den Prinzipien der Werbetechnik aufgebaut sind, anstatt sich nach
den Prinzipien aus dem Wort Gottes zu richten. Wettbewerb, Hoch-
glanzbroschüren, Fernsehanzeigen und professionelle Spendeneintreiber werden für Geldsammlungen für die Weltmission eingesetzt.
Bei vielen Missionsorganisationen übersteigen die Kosten der Werbung die Kosten der Missionsarbeit. Von jedem Dollar, den sie einnehmen, geben sie den größeren Teil aus, um einen weiteren Dollar
zu bekommen, der für die Arbeit verwendet werden soll, die sie an-
geblich tun. Verwaltungskosten, Büroausgaben, Druckarbeiten und
die Gehälter von Heimatpersonal verschlingen mehr Geld, als tatsächlich auf dem Missionsfeld ausgegeben wird.

Kinder Gottes werden auf der Grundlage ausgeklügelter Werbetech-
niken um Spenden gebeten. Hierbei wird die Aufmerksamkeit dadurch gewonnen, dass man attraktivere Werbemittel einsetzt als die
Konkurrenz. Der Wunsch zu Geben wird beim Leser durch überleg-
te psychologische Methoden geweckt und er erhält durch irgendeine Art von Verpflichtung (Spendenzusage, Einzugsermächtigung,
einmaliger Scheck etc.) sofort die Möglichkeit zu spenden. Gemäß
diesen »gut erprobten Methoden« können diese Werbefachleute dann
vorhersagen, dass durch einen bestimmten Betrag für eine bestimmte
Art der Werbung so und so viel Geld herein kommen wird. Der wachsame Christ, der Gott gefallen will, sollte sich nicht übermäßig von
solchen fleischlichen und unbiblischen Mitteln beeinflussen lassen.
Er wird nicht auf psychologischen Druck hin geben wollen, sondern
weil er Gott erfreuen und das Evangelium auf der Welt verbreiten
will.

Von wo werden Spenden für die Mission weitergeleitet?

Das Thema Geben dreht sich im Neuen Testament ganz sicher um
die örtlichen Gemeinden. Die Gemeinde in Philippi hatte dem Paulus eine Gabe für das Werk des Herrn geschickt. Paulus lobt sie,
weil sie ihm in der Bedrängnis von ihrem Überfluss abgegeben haben (Phil. 4,10-18). Die Sammlung für die armen Heiligen in Jerusalem wurde in der Gemeinde von Korinth und in einigen anderen
durchgeführt (1. Kor. 16,1.2). Paulus schrieb den Korinthern, dass
er, von anderen Gemeinden unterstützt worden war um ihnen zu
dienen (2. Kor. 11,8.9). Er erwartete Hilfe von der Gemeinde in Rom,
um Spanien mit dem Evangelium zu erreichen (Röm. 15,24). Ob-

wohl es persönliche Gaben gab, betonen die neutestamentlichen Briefe ganz klar die Unterstützung durch die örtliche Gemeinde. Dies ist auch heute ein solides und praktikables Prinzip für das Geben.

Wie sollten die Gläubigen für die Mission spenden?

Es gibt einige vernünftige Prinzipien, die dir beim Thema Geben helfen werden:

Es soll proportional zum Einkommen gegeben werden. Das Prinzip ist nicht ein spezieller Prozentsatz, sondern »je nachdem er von Gott Gedeihen hat« (1. Kor. 16,2). Die Israeliten sollten unter dem Gesetz den Zehnten (10%) geben. Beachte wie der Zehnte in 4. Mose 18,21-28, in 5. Mose 14,22.23.28.29 und in 3. Mose 27,30-32 befohlen wird. Zusätzlich zum geforderten Zehnten gab es noch freiwillige Gaben, die über den Zehnten hinaus gingen; davon wurde zum Beispiel die Stiftshütte erbaut (2. Mo. 35,4-9; 36,2-7). Im Neuen Testament gibt es keine Vorschrift, wie viel man geben muss, weil das Motiv hier die Liebe zum Herrn Jesus Christus ist (2. Kor. 8,7-9). Sicher wird das mehr sein, als der unter dem Gesetz geforderte Zehnte. Es sollte zu der Gnade, die Gott uns geschenkt hat, im Verhältnis stehen. Der Reiche soll von seinem Reichtum geben; der Arme gibt einen Teil von dem, was er hat. Das Werk Gottes würde nie Not leiden, wenn alle auf diese biblische Art geben würden.

Es soll regelmäßig gegeben werden. Bei der Sammlung für die bedürftigen Gläubigen in Jerusalem sollte regelmäßig am ersten Tag der Woche zusammengelegt werden (1. Kor. 16,2). Das ist ein gutes Prinzip für uns; in der örtlichen Gemeinde und regelmäßig am ersten Tag der Woche zu geben.

Es soll fröhlich gegeben werden (2. Kor. 9,7). Wenn das Volk Gottes das Spenden als Privileg, sich an der weltweiten Arbeit zu beteiligen, ansehen würde, wäre es eine Freude zu geben, und es würde uns fröhlich stimmen. Die besten Geber sind nicht die wohlhabenden Geschäftsleute, denen professionelle Spendeneintreiber das Geld aus der Tasche ziehen, sondern die, die ihr Opfer je nach Gedeihen fröhlich in der Gemeinde abgeben und mit anderen zusammen das Werk des Herrn unterstützen.

Es soll im Verborgenen gegeben werden (Mt. 6,3). Bekanntgabe der Spender und öffentliches Lob widerspricht dem Charakter des Neuen Testaments. Der Grund dafür ist, dass die Spenden wirklich direkt dem Herrn gegeben werden. Da Er schon weiß, was gegeben wird, braucht es niemand sonst zu erfahren.

Es soll großzügig gegeben werden (2. Kor. 8,2.3). Der Herr freut sich über Gaben, die die Liebe von Golgatha beantworten. »Die so wunderbare göttliche Liebe fordert mein Herz, mein Leben, ja alles.« Geben sollte nicht sparsam sein, sondern freigebig (2. Kor. 9,6).

Es soll ohne Zwang gegeben werden (2. Kor. 9,7). Der biblische Standard ist, sich im Herzen etwas vorzunehmen, ohne Zwang oder Druck von Menschen.

Wohin sollen Gaben für die Mission fließen?

Nicht jede schön illustrierte Broschüre mit einem Spendenaufruf ist ein Zeichen von Gott, dass du diese Arbeit unterstützen sollst. Die Leiter der örtlichen Gemeinde und einzelne Personen, die für Mission geben, sollen sorgfältig und weise überlegen, wie das Geld am besten genutzt wird, das der Herr ihnen zur Unterstützung der Weltmission zur Verfügung stellt.

Gib nach konkretem und ernstlichem Gebet um Führung vom Herrn, wohin du geben sollst.

Gib für die Arbeit, die die biblischen Ziele von Evangelisation, Jünger machen und Gemeindebau verfolgt.

Gib den Dienern Gottes, die du kennst und mit denen du völlig übereinstimmst. Es ist gut zu wissen, dass ihre Sicht von biblischen Prinzipien mit denen, die dir wichtig sind, übereinstimmt.

Wie sollen Missionsgaben erhoben werden?

Die Spendenaufrufe zur Unterstützung des Werks des Herrn sind so verbreitet, dass nur wenige darüber nachdenken, ob sie aus der Sicht des Herrn richtig sind. In Gebetsbriefen wird oft um Spenden gebeten. Missionszeitschriften und Berichte enthalten gewöhnlich konkrete Aufrufe oder Hinweise. Missionstreffen und Konferenzen haben meistens ihre Spendenaufrufe. Manchmal sind solche Aufrufe taktvoll, aber manchmal auch sehr direkt. Verpflichtungen werden unterschrieben, die uns über Jahre hinaus festlegen, für einen bestimmten Missionar zu spenden. Wenn du ins Neue Testament schaust, wirst du keinen Fall finden, wo eigene Nöte oder Spendenaufrufe für eigene Projekte an die Öffentlichkeit gebracht werden. Paulus vergaß nicht, den Geschwistern die Bedürfnisse anderer mitzuteilen, aber niemals teilte er seine eigenen Bedürfnisse mit, die mit Geld hätten behoben werden können. Er bekam Hilfe von denen, die ihn ausgesandt hatten und von den Geschwistern, denen er diente, aber es gab keine Abmachungen wie Gehalt, Verpflichtung oder Versprechen.

Vor 150 Jahren lebte ein demütiger Diener Gottes, Anthony Norris Groves, der beschloss von England nach Bagdad zu ziehen. Er hatte dafür kein Gehalt sondern er vertraute Gott, dass Er seine Bedürfnisse erfüllen würde, wenn sie kommen würden. Nachdem er von einer Ortsgemeinde zu diesem Werk empfohlen worden war, meinte er, dass dies Gottes Wille war. Groves und seine Familie lebten viele Jahre im einfachen Vertrauen auf Gott unter den schwierigsten Umständen und erlebten, dass Gott äußerst zuverlässig ist. Groves lebte buchstäblich aus Glauben. Durch das biblische Vorbild dieses Mannes war Georg Müller bewegt, Gott allein wegen der Unterstützung eines sehr großen Waisenhauses in Bristol zu vertrauen. Durch das Beispiel Müllers prägte James Hudson Taylor die Glaubensprinzipien der China Inland Mission (heute: Überseeische Missionsgemeinschaft). Sie war die erste vieler Gruppierungen, die wie Taylor auf Gott vertrauten. Leider sind diese Prinzipien durch viele Werke, die sich »Glaubensmission« nennen, bis heute so weit »verbessert« worden, bis sehr wenig von dem einfachen Vertrauen auf Gott übrig geblieben ist. Der Autor dieses Buches hat nach fast 50 Jahren im Dienst für den Herrn ohne Garantien oder Gehalt, wie auch Tausende andere erlebt, dass Gott treu ist und jedem Bedürfnis begegnet. Es gibt nicht viel, was schöner ist, als wenn der geistlich geübte Gläubige Gottes Führung sucht, wie eigene oder Gemeindegelder zur Ehre Gottes verteilt werden sollen. Andererseits ist es genau so schön zu sehen, wie ein treuer Diener des Herrn, der sich für seinen Bedarf allein auf Gott verlässt, seine Lage dem Herrn anbefiehlt und dann den Herrn für den Überfluss preist, den Er in Zeiten der

Not geschenkt hat. Sei immer bestrebt, zur Schönheit und Einfachheit des Neuen Testaments zurückzukehren.

Eine empfohlene Liste von englischen Missionszeitschriften und Gebetsbüchern:

*   MISSIONS – Christian Missions in Many Lands, Inc., P.O.Box 13, Spring Lake, N.J. 07762 U.S.A.

*   ECHOES – Echoes of Service, 1 Widcombe Crescent, Bath, Avon BA2 6AQ, England.

*   TIDINGS – Australian Missionary Tidings, P.O.Box 400, Chatswood, N.S.W. 2067, Australia.

*   TREASURY – The Treasury, P.O.Box 74, Palmerston North, New Zealand.

*   MISSIONARY PRAYER HANDBOOK – Christian Missions in Many Lands, Inc., P.O.Box 13, Spring Lake, N.J. 07762, U.S.A. Missionary Service Committee, Inc., 1562A Danforth, Toronto, Ontario M4J 1N4, Canada.

*   DIRECTORY OF U.S. & CANADIAN HOME FIELD ACTIVITIES – Workers Together, P.O.Box 481, Wheaton, Ill. 60187, U.S.A.

*   DAILY PRAYER GUIDE – Echoes of Service, 1 Widcombe Crescent, Bath, Avon BA2 6AQ, England.

Fragen für Studium und Diskussion zu Lektion 8:

1. Welche Vergleiche kann man zwischen der Unterstützung für Diener des Herrn auf dem Missionsfeld und der Versorgung einer Armee auf dem Schlachtfeld ziehen? Welche Unterschiede gibt es?

2. Welchen Platz nimmt das Gebet in der Missionsunterstützung ein und wie wichtig ist es?

3. Nenne Möglichkeiten, wie du deine Gebetsunterstützung für das Werk des Herrn und für Seine Arbeiter effektiv verbessern kannst. Wie kannst du diese Möglichkeiten benutzen, um andere zum Gebet anzuregen?

4. Nenne einige der Punkte, für die konkret gebetet werden soll.

5. Wie sollte ein ernsthafter Gläubiger auf die Bedürfnisse in dem Werk des Herrn und die vielen Spendenaufrufe reagieren? Welche Kriterien sollen bei solchen Entscheidungen beachtet werden?

6. Warum soll das Werk Gottes nur von Kindern Gottes unterstützt werden? Diskutiere die Bedeutung von 3. Johannes 7.

7. Welches sind die biblischen Motive zum Geben für die Mission? Warum sollen Christen nicht auf kommerzielle Werbemethoden reagieren?

8. Wie sollten Gläubige für die Mission geben? Gibst du in dieser Weise?

9. Welche Richtlinien sollten dir beim Geben für die Mission, für Missionare und für christliche Organisationen dienen?

10. Welche biblischen Prinzipien beziehen sich auf Spendenaufrufe und Sammlungen von Geld für missionarische Zwecke?

11. Was beinhaltet das biblische Prinzip »Leben aus Glauben«? Wie bezieht sich das auf dein eigenes Leben? Bezieht sich dieses Prin-

zip nur auf solche, die die Gabe des Glaubens haben? Was ist die Gabe des Glaubens?

9 Mission begegnet fremden Kulturen

Auf den folgenden Seiten betrachten wir Mission im Unterschied zu Evangelisation. Evangelisation ist die Begegnung des Evangeliumsboten mit einer Person der gleichen Kultur. In der Mission werden kulturelle Grenzen überschritten, um jemandem, der in einer anderen Kultur lebt, das Evangelium mitzuteilen. Diese Kommunikation über kulturelle Grenzen hinweg ist nicht so leicht, wie man sich vorstellt. Manche Menschen haben bei Mission ein Bild im Kopf, wo sie gerade angekommene Missionare sehen, die in einem abgelegenen afrikanischen Dorf unter Palmen sitzen, umgeben von einer Gruppe eifrig lauschender Personen, die das Evangelium zum ersten Mal hören und das Wunder von Flanellbildern bestaunen. Stell' dir vor, du wärest die Person, die gerade angekommen ist und die Flanelltafel aufstellt. Und stell' dir vor, dass da tatsächlich eine Gruppe interessierter Leute unter einer Palme sitzt, um dir zuzuhören. Wie würdest du dich ihnen mitteilen? Als erstes wirst du an die Sprachbarriere prallen. Du könntest kein einziges verständliches Wort reden. Aber sogar wenn du Worte benutzen könntest, die sie verstehen würden, wären deine Schwierigkeiten nicht zu Ende.

Es könnte leicht sein, dass unsere Gesten und Grußformen ihnen absolut fremd oder gar beleidigend erscheinen. Die Kinder mögen über deine Kleidung kichern, weil sie so etwas noch nie gesehen haben. Während du versuchst, etwas über das Kind in der Krippe zu erklären, werden die anderen aufgeregt die Farben der Kuh am Rand des Bildes diskutieren und nicht zuhören. Dann schwingt eine Mutter geschickt ihr Baby aus dem Tuch von ihrem Rücken und fängt an, es zu stillen. Jemand anderer rülpst, aber niemand schenkt dir Aufmerksamkeit. Der Mann vorne hat einige Lederbänder an seinem Arm, aber du weißt nicht, dass der Medizinmann sie ihm speziell dafür gegeben hat, um den Einfluss der weißen Menschen, die angekommen sind, abzuwehren. Nach kurzer Zeit wirst du spüren, dass zwischen dir und diesen Leuten eine riesige Kluft besteht. Diese Kluft ist der Unterschied zwischen deiner Kultur und ihrer.

Es ist die Aufgabe des Missionars, Brücken über diese Kulturkluft zu bauen, damit er ihnen den Herrn Jesus verständlich vorstellen kann. Es ist unmöglich, die Kultur zu ignorieren, weil alle menschliche Kommunikation in ihrem Rahmen geschieht. Sogar Gott muss sich den Menschen durch kulturelle Kanäle mitteilen, sei es durch Träume, Visionen oder direkte Offenbarung. Deshalb ist es für den Missionar also wichtig, die Kultur zu verstehen. Der Prophet Hesekiel aus dem Alten Testament »saß in ihrer Mitte« (Hes. 3,15). Es ist die Aufgabe des Missionars zu wissen, wo die Leute stehen und sich mit ihnen zu identifizieren, um so die Gute Nachricht des Herrn Jesus Christus bringen zu können.

Was ist Kultur?

Kultur ist die Lebensweise einer besonderen Gruppe, die erlernt wird. Gewöhnlich wird sie in zwei Bereiche geteilt, nämlich die »materielle Kultur« und die »immaterielle Kultur«. Die materielle Kultur schließt die Art ein, wie Dinge (Werkzeuge, Waffen, Maschinen, Tiere usw.) benutzt werden. Immaterielle Kultur beinhaltet die Denkart, Einstellungen, Art des Gottesdienstes, Gewohnheiten, Religion, Werte, Sprache usw. All diese Dinge beeinflussen die Art, wie das Evangelium aufgenommen wird. Sie beeinflussen auch den Missionar selbst bei seinem Versuch, in dieser Kultur zu leben und zu arbeiten.

Zwei Gebiete der Begegnung

Da du dich mit Mission beschäftigst, solltest du die zwei Bereiche kennen, bei denen die Rolle der Kultur verstanden werden muss. Der eine Bereich hat mit dem Missionar selbst zu tun, wie er der Kultur begegnet und auf sie reagiert. Der andere hat mit der Wahrheit des Evangeliums zu tun und damit, was passiert, wenn sie in einen anderen kulturellen Hintergrund übersetzt wird.

Der Missionar begegnet der Kultur

Für den Missionar selbst kann der Übergang vom Leben in der gewohnten Kultur zum Leben in der fremden Kultur eine traumatische Erfahrung sein. Wahrscheinlich kommst du, wie die meisten Missionare heute, aus einer westlichen städtischen Kultur der Mittelklasse. Dazu gehören vermutlich Elemente wie ein religiöser Hintergrund, der evangelikal oder protestantisch ist, eine Philosophie, die individualistisch und existenzialistisch ist; Ideale und Formen wie demokratische Regierung, lose Familienstruktur, einen hohen Standard von »Rechten« und Luxus, höhere Schulbildung, Wahrheit, Moral, Schönheit usw. Wie alle Menschen wirst du deine eigene Kultur als normal empfinden und andere Kulturen als mehr oder weniger »unter dem Standard« betrachten. Diese Tendenz wird noch verstärkt, wenn deine Ideale einer technologischen Kultur entstammen und du diese mit einer Stammeskultur vergleichst, deren Ideale weit entfernt von Flugzeugen und Fernsehern sind.

Wenn du als Missionar an einen anderen kulturellen Schauplatz versetzt wirst, werden deine Sinne mit vielen Dingen, die dir unbekannt sind, bombardiert. Deine Nase wird den fremden Geruch von Curry einatmen und von Exkrementen, die als Dünger verwendet werden. Deine Augen werden neue Formen der Gestaltung, der Architektur und der Kunst erblicken. Weil alles unbekannt ist, erscheint es nicht schön. Deine Ohren werden fremde Laute vernehmen; einen Muezzin, der um fünf Uhr früh die Moslems zum Gebet ruft; den Gesang von Christen, die tamilische Lieder in einer Fünftonskala singen, was für dich sehr traurig klingt; oder vielleicht das Staccato der Trommeln von weit her in einer afrikanischen Nacht. All das wird in dir unerfreuliche Empfindungen wecken. Aber es gibt noch mehr. Neugierige Gestalten werden uneingeladen und unangemeldet in deine Wohnung kommen; dein Pünktlichkeitsgefühl wird durch Menschen, die nie zur vereinbarten Zeit erscheinen, strapaziert werden.

Dein »Recht« auf Unabhängigkeit wird herausgefordert, wenn du dir gerade etwas Zeit für dich allein nehmen willst und in deinen Wagen gleitest, und dann plötzlich aus dem Nichts vier oder fünf Leute auftauchen, die mitfahren wollen. Deine Mahlzeit wird durch drei Freunde gestört, die du gestern getroffen hast, und die jetzt an der Tür stehen und erwarten, dass du dein Essen mit ihnen teilst. Deine Fähigkeit zum Gespräch von Mensch zu Mensch wird vernichtet, wenn ein Latino sich deinem Gesicht auf 30 cm nähert, weil er gewohnt ist, mit diesem Abstand zu sprechen, du aber einen Abstand von einem Meter gewohnt bist und immer weiter zurückweichst. Dies sind nur einige aus Dutzenden von Beispielen, die auf deine Sinne einströmen. Ihre Wirkung wird sich wahrscheinlich gegenseitig verstärken.

Kulturschock

Unser Gehirn wertet Signale aus, die durch die fünf Sinne dorthin gesendet werden und verbindet sie dann mit bekannten Erfahrungen aus der Vergangenheit. An einem neuen Schauplatz mit vielen neuen Reizen wird man auf wenig oder gar keine bekannte Erfahrungen zurückgreifen können; alles ist neu und deshalb scheint es keinen Sinn zu ergeben. Wenn zu viele dieser neuen Reize auf dich eindringen, bist du nicht mehr fähig, mit der Situation zurecht zu kommen, und das Ergebnis ist ein Kulturschock. Du hast die Orientierung verloren, weil du nicht mehr einordnen kannst, was passiert. Ein Kulturschock kann bewirken, dass du schreiend davonlaufen willst. Noch schlimmer, dein Benehmen kann unberechenbar werden. Aber am schlimmsten ist es, wenn du abschaltest und passiv wirst. Mehr Missionare als eigentlich nötig haben einen Kulturschock erlitten, weil sie einige grundlegende Dinge über Kultur nicht verstanden und einige einfache Dinge, mit der Situation umzugehen, nicht gelernt haben.

Mit der Kultur zurecht kommen

Der Missionar ist den verheerenden Auswirkungen des Kulturschocks nicht hilflos ausgeliefert. Es gibt eine Vielzahl von Möglichkeiten, wie ein Kulturschock gemindert oder völlig vermieden werden kann. Die Möglichkeiten können in dem einen Satz zusammengefasst werden: »*Sei offen*.« Offenheit hat größtenteils mit der Annahme der Werte einer anderen Kultur zu tun und damit, dass man die Gefahr vermeidet, bewusst oder unbewusst die eigene Kultur für die Beste zu halten.

Öffne deine Augen. Schau aufmerksam auf das, was um dich herum vorgeht. Sieh dir die Menschen, die Wohnungen, die Kleidung und die künstlerische Ausdrucksweise an. Beachte Ähnlichkeiten mit dem, was du am Vortag bemerkt hast, wie sie sich begrüßen, wofür sie sich am meisten interessieren usw. Je mehr du deine neue Umgebung beobachtest, desto eher wirst du dich an die neuen Reize gewöhnt haben, und sie werden dir vertraut erscheinen.

Öffne deinen Verstand. Lerne, warum die Tätigkeiten, die Ernährung und die Lebensart so verschieden sind. Vielleicht essen sie Fisch und Reis, weil es davon viel gibt und sie es an ihrem Wohnort bekommen können. Vielleicht tragen sie keine farbenfrohe Kleidung, weil sie glauben, das würde Dämonen anziehen. Wenn das der Grund ist, wirst du nicht annehmen, sie mögen keine Farben und sind deshalb phlegmatisch und interessenlos. Finde heraus, warum sie Leute aus deiner Heimat nicht mögen, falls das so ist. Vielleicht wirst du dich selbst in einem anderen Licht sehen.

Öffne dein Herz. Wenn du mit der Liebe Christi erfüllt bist und dich um die Nöte deines Nächsten sorgst, wirst du nicht so leicht einen Kulturschock bekommen. Wenn du begreifst, dass der Herr Jesus die Menschen so sehr liebte, dass Er am Kreuz für sie starb, wird deine Haltung ihrer Kultur gegenüber nicht so ichbezogen sein. Du wirst daran denken, dass der Herr Jesus sie so liebt, wie und wo sie sind. Du bist Sein Gesandter, und du sollst Seine Liebe denen demonstrieren, die wie Schafe ohne Hirten sind.

Öffne deine Einstellung. Entdecke das Potenzial, das Gott jedem Menschen mitgegeben hat. Wenn sie zu Christus kommen, sind sie ein Teil Seines Leibes. Der Leib hat viele Glieder und Funktionen, die Gott zu Seiner Ehre bestimmt hat. Etwas Wunderbares ist die Verschiedenheit, die Gott in Menschen und in die Natur gelegt hat. Mit einer Haltung, die diese Verschiedenheit akzeptiert, wirst du keine negativen Reaktionen auf Unterschiede haben.

Öffne deine Hände. Wenn deine Augen, dein Verstand, deine Haltung und dein Herz sich an die neue Situation angepasst haben, wird es dir nicht schwer fallen, deine Hände zu öffnen und mit anderen zu teilen, was du hast. Wenn du bewusst deine Geschicklichkeit, deine Zeit und deine materiellen Dinge mit anderen teilst, hast du so in sie investiert, dass dein Interesse wachsen wird. Natürlich ist Geben eine der geheimen Freudenquellen, und ein fröhlicher Mensch ist kein Kandidat für einen Schock wegen kultureller Unterschiede.

Öffne deinen Mund. Eine Möglichkeit, wie der Missionar auf einen Kulturschock reagiert, ist, dass er uninteressiert und inaktiv wird. Weil die neuen Reize fremdartig und unangenehm sind, neigt der Missionar dazu, »sich in sein Schneckenhaus zu verkriechen«. Das mag für Schnecken gut sein, wenn Gefahr im Anzug ist, aber für den jungen Missionar ist das tödlich. Bleibe mit anderen im Gespräch. Rede mit anderen Missionaren, die sich gut eingewöhnt zu haben scheinen, und erzähle ihnen, wie du dich im Innern fühlst. Sprich auch mit anderen Menschen, vielleicht mit deinem Mann oder deiner Frau, die das selbe Trauma durchmachen. Ein offenes Gespräch ist eine gute Therapie.

Öffne deine Bücher. Damit meine ich, dass du alle Literatur über das Land, in dem du lebst und über die Leute, unter denen du wohnst, lesen sollst. Mit offenem Verstand und offenen Augen wird eine deiner besten Quellen zur Information die Literatur sein. Selbst wenn du keine Ahnung von der fremden Sprache hast, gibt es oft viel Material in deiner eigenen Sprache. Verfolge die örtlichen Nachrichten, lokale Angelegenheiten und die Lokalpolitik. Vielleicht findest du dort nicht die Fußballtabellen deines Heimatlandes, aber interessiere dich bewusst für alles, was du zu lesen bekommst. Es hilft.

Öffne deine Bibel. Wie praktisch in jeder Situation hat die Bibel auch hierzu viel Hilfreiches zu sagen. Denke z.B. an die Menschwerdung des Herrn Jesus, der ein Mensch inmitten einer menschlichen Gesellschaft und Kultur wurde. In allen Punkten wurde Er so wie wir versucht. Was ist mit Paulus, der allen alles wurde, um einige zu retten. Schau' auf Abraham, Josef und Daniel im Alten Testament, die alle zur Ehre Gottes völlig unterschiedliche Kulturen annehmen mussten. In der Bibel wirst du viel Hilfe finden. Vernachlässige sie nicht.

Das Evangelium begegnet der Kultur

Es gibt noch einen anderen Aspekt in der Beziehung zwischen Mission und Kultur, der vielleicht noch wichtiger ist, als die Weise, wie der Missionar die Kultur annimmt oder darauf reagiert. Dies hängt mit der Botschaft des Evangeliums, die der Missionar bringt, zusammen. Was sich ereignet, wenn die biblische Wahrheit des Evangeliums auf die Ideologien der Eingeborenen trifft, ist viel ernster, als die Begegnung des Missionars mit der Kultur der Eingeborenen. Missionare sind zu einem gewissen Grad entbehrlich oder ersetzbar; das Evangelium ist es nicht. Jede Kultur trägt ein Element des Bösen in sich. Selbst »christliche Kulturen« werden durch die Macht

Satans zu Hindernissen, und unchristliche Ideen sind zu einem gewissen Grad infiltriert worden. Auch in unserer Heimat findet dauernd ein Kampf gegen solche Dinge wie Materialismus (Anhäufung von Reichtum) und Existenzialismus (wobei man sich gut fühlt, das ist auch gut) statt. Beide Ideen sind dem Evangelium direkt entgegengesetzt. In dem Maße, wie diese Gedanken in unser christliches Gedankengut und unseren Lebensstil einfließen, haben wir das Evangelium unserer Kultur angepasst und es verändert. Denk einmal darüber nach. Denn wenn du feststellst, welch einen Kampf wir im Westen beim Zusammentreffen des Evangeliums mit der Kultur haben, wirst du mehr Verständnis für den Kampf in verschiedenen Angelegenheiten im Ausland haben.

Eine vorhergehende Lektion hat die Notwendigkeit herausgestellt, örtliche Gemeinden zu bauen, wo auch immer das Evangelium verkündet wird. Die neuen Gemeinden sollten eigenständig sein, das heißt unter einheimischer Leitung, von Einheimischen finanziert und von Einheimischen in der neuen Umgebung weiterverbreitet. Fast zwangsläufig wird die neue Umgebung einigen Aspekten des wahren Glaubens feindlich gegenüber stehen. Wenn die neue Umgebung hinduistisch ist, wird es einen Zusammenstoß mit dem Götzendienst geben. Wenn die Umgebung moslemisch ist, prallt die christliche Lehre auf die Gedanken zur Würde der Frau. Wenn man unter Stämmen ist, gibt es Reibereien wegen Blutopfern oder Vielweiberei. Wir könnten noch mehr Beispiele bringen, aber der Punkt ist, dass es unvermeidlich eine Kollision der Wahrheit mit der Tradition geben wird, wenn die Gemeinde in einer neuen kulturellen Umgebung gebaut werden soll. Bei dieser Begegnung müssen entweder die eine oder beide Seiten bestimmte Dinge aufgeben, wenn eine eigenständige Gemeinde gebaut werden soll.

Der Missionar, der kulturelle Grenzen überschreitet, muss daran denken, dass er automatisch gewisse Aspekte der Kultur, der er entstammt, in die neue Kultur mitbringt. Wenn du 25 Jahre in einer mittelständischen westlichen Stadt zugebracht hast, wirst du nicht plötzlich dein ganzes kulturelles Erbe verlieren, wenn du eine Reise von zehn Stunden im Flugzeug machst. Deine Gedanken zu dem, was normal, richtig und das Beste ist, beziehen sich alle auf die Kultur, in der du aufgewachsen bist. Deine Heimatgemeinde, die du für eine normale neutestamentliche Gemeinde hältst, ist vielleicht

mehr als du denkst von der gleichen Kultur beeinflusst. Traditionen
haben sich eingeschlichen, die weder richtig noch falsch sind, sondern einfach in diese Kultur gehören. Dinge wie die Zeit, zu der der
Gottesdienst gehalten wird, Jugendgruppen, Freizeiten oder Konferenzen, sogar evangelistische Veranstaltungen im Gemeindehaus
sind alle kulturell bedingt und müssen nicht notwendigerweise bzw.
in gleicher Form in eine neu errichtete Missionsgemeinde einer anderen Kultur eingebracht werden.

Der kulturell aufmerksame Missionar muss versuchen, nur auf biblischen Dingen zu bestehen. Er muss die Kruste der Kultur, die
ihm vertraut ist, weglassen und nur die Saat des reinen Evangeliums in den Boden der neuen Kultur legen. Die Fremdartigkeit seiner Botschaft muss abgestreift werden, damit nur das wahrhaft biblische bestehen bleibt. An westlicher Musik und Harmonie ist zum
Beispiel nichts biblisches, und es mag nachteilig sein, diese Art von
Musik in eine Kultur einzuführen, wo sie ungewöhnlich ist. In einem Land wie Indien hat genau das zu Übergriffen beigetragen, wobei
Missionare eines religiösen Imperialismus angeklagt wurden. Es wäre
besser, eine örtlich bekannte Melodie zu finden und den Gedanken
von »Jesus liebt mich« hineinzulegen, als das Lied wörtlich zu übersetzen und den gewohnten westlichen Klang herzunehmen. Es könnten noch viele Beispiele angeführt werden, aber dies genügt, um dir
das Problem aufzuzeigen.

Das moderne Wort für dieses Konzept ist *Kontextualisation*. Das
kann so definiert werden, dass das Evangelium in den Kontext der
Kultur gebracht wird. Der andere Begriff, der mit Kontextualisation
zusammen auftaucht, ist *Akkomodation*. Bei Akkomodation geht
es darum, dass Elemente des Christentums kulturell angepasst werden, um sie annehmbarer zu machen. Eine Melodie aus fünf Tönen
mag in Indien reizvoller sein, als die Lieder mit einer Tonleiter aus
acht Tönen, die wir im Westen gewohnt sind. Dr. A.T. Niles aus Sri
Lanka verbreitete die Idee, das Evangelium kulturell akzeptabel zu
machen durch sein Beispiel von Samen und einen Blumentopf. Er
sagte, dass das Evangelium wie ein Saatkorn ist, das ausgesät werden muss. Zuerst in Palästina ausgesät wuchs eine Pflanze heran,
die palästinisches Christentum genannt wurde. Dann wurde es in
Rom ausgesät, und römisches Christentum wuchs heran. Später
wurde es nach Britannien gebracht, und britisches Christentum er-

blühte. Danach nach Amerika, und es wuchs ein nordamerikanisches Christentum heran. Er sagte, als Missionare nach Sri Lanka kamen, »brachten sie nicht nur die Saat des Evangeliums, sondern auch den Blumentopf mit. Wir müssen den Blumentopf zerbrechen und den Samen des Evangeliums in unseren eigenen kulturellen Boden streuen und unsere eigene Version des Christentums heranreifen lassen.«

Manchmal haben Missionare entdeckt, dass es unter den Werten und Gebräuchen der örtlichen Kultur solche gab, die nicht im Gegensatz zum Maßstab der Bibel standen und tatsächlich benutzt werden konnten, um das Evangelium zu fördern. Eine gute Illustration hiervon findet sich im Buch Friedenskind von Don Richardson. Er fand bei dem Volk der Sawi in Irian Jaya einen Brauch, der zu einem kulturellen Schlüssel zur Einführung des Evangeliums wurde. In Zeiten von großen Spannungen und Konflikten wurde dieser Brauch zwischen verschiedenen Sawi Dörfern benutzt. Wenn bei diesen Kannibalen alle Friedensversuche versagt hatten, konnte es sein, dass ein Dorf eines seiner kleinen Kinder dem feindlichen Dorf anbot, damit es dort aufgezogen würde. Manchmal wurde vom feindlichen Dorf eine Gegenleistung erbracht. Diese Kinder, die weggegeben wurden, wurden »tarop« genannt, was »Friedenskind« bedeutet. Don Richardson erkannte, dass dies ein Schlüssel war, um das Werk des Herrn Jesus Christus zu erklären, der auf die Welt kam, um Frieden mit Gott zu machen. Als das auf dem Hintergrund ihrer eigenen Kultur erklärt wurde, drang die Botschaft vom Evangelium zum ersten Mal durch und einer nach dem anderen nahm »Gottes Friedenskind« an. Das Buch ist empfehlenswert.

Vergiss nicht, dass es Gefahren gibt, auf die du achten solltest. Gewiss ist es wünschenswert, dass die Saat des Evangeliums in die Kultur eines fremden Landes eingepflanzt wird. Aber es wird notwendig sein, der Versuchung zu widerstehen, sich der Gesellschaft auf Kosten des Gehorsams dem Herrn gegenüber anzugleichen. Es wurden Versuche unternommen, das Evangelium unter Vernachlässigung der biblischen Wahrheit zu kontextualisieren, um es annehmbarer zu machen. Sogenannte christliche Missionare haben zum Beispiel entdeckt, dass die Götzen der griechischen und römischen Religion tief im religiösen Leben der Menschen verwurzelt waren. Anstatt gegen den Götzendienst als biblisch unannehmbar und sündig zu predigen, passten sie das Konzept des Götzendienstes an, gaben den Götzen Namen der christlichen »Heiligen« und stellten sie in ihren Kirchengebäuden auf. Diese Akkomodation ging zu weit. Eine große Gruppe der Christenheit leidet heute noch an diesem grundsätzlichen Irrtum der Mission. Die Neigung zu Synkretismus schleicht sich immer leicht ein, deshalb muss man dieser Gefahr ins Auge sehen. Es besteht die Versuchung, sich ungöttlichen Elementen der Gesellschaft auf Kosten der biblischen Reinheit anzupassen.

Die altbewährte Regel lautet ungefähr so: »Behalte bei, was in der Kultur der Eingeborenen neutral oder gut ist.« Aber denke daran, dass dies nicht so leicht ist, wie es klingt, weil die verschiedenen Elemente der Kultur alle in Wechselbeziehungen zueinander stehen und sehr kompliziert sind. Daher wird jedem Missionar, der wirksam sein will, empfohlen, in dieser Beziehung weiter zu lernen. Es braucht Zeit und gewissenhaftes Studium, um die verschiedenen Aspekte einer anderen Kultur zu verstehen. Es braucht Einfühlungsvermögen, um zu erkennen, was von der alten Kultur neutral und deshalb für ein christliches Milieu annehmbar ist. So wird der kluge Missionar seine Ohren offen halten und Dinge mit wachsamem Verstand verarbeiten, lange bevor er anfängt, Regeln aufzustellen.

Behalte abschließend im Gedächtnis, welche zwei Begegnungen wir diskutiert haben. Erstens die Begegnung des Missionars mit der Kultur und den Schock und die Anpassung, die daraus resultieren könnten. Zweitens haben wir die Begegnung des Evangeliums mit der Kultur besprochen, die Möglichkeiten und die Gefahren, die dabei auftreten. Es ist höchst wichtig, in diesen Punkten besonders aufmerksam zu sein.

Fragen für Studium und Diskussion zu Lektion 9:

1. Was ist Kultur?

2. Warum muss ein Missionar sich in der neuen Kultur zurechtfinden können?

3. Nenne einige Dinge, die zum Kulturschock führen können.

4. Diskutiere die acht im Text vorgeschlagenen Möglichkeiten, wie man mit einer anderen Kultur zurecht kommt. Werte frühere Erfahrungen aus, wo du Menschen einer anderen Kultur begegnet bist.

5. Wie beeinflusst die Kultur christliche Gedanken und die Lebensweise? Mit welchen kulturellen Problemen muss sich der Missionar auseinander setzen, wenn er sich einer neuen Umgebung anpassen will? Welche Prinzipien soll der neue Missionar anwenden?

6. Diskutiere das Konzept von Kontextualisation und Akkomodation. Nenne Beispiele, wie das Evangelium erfolgreich in der örtlichen Kultur angepasst worden ist.

7. Welche Gefahren müssen beachtet werden, wenn das Evangelium in fremden Kulturen ausgesät werden soll?

8. Ist alles in der Kultur der Einheimischen falsch? Diskutiere das.

Wer sich für christliche Mission interessiert, wird erfahren wollen, was sich in der Vergangenheit ereignet hat. Man kann die heutige Situation nicht verstehen, wenn man nichts über den Hintergrund weiß. Da du im 21. Jahrhundert lebst, hast du ein Erbe christlicher Geschichte von fast 2000 Jahren. Wir sind ein direktes Ergebnis der Vergangenheit, was auch auf die Geschichte der weltweiten Mission zutrifft. Die Mission begann weder mit J. Hudson Taylor, noch mit William Carey, der allgemein als der Vater der modernen Mission gilt. In Wirklichkeit hat Gott in wunderbarer Weise in der Geschichte der letzten 2000 Jahre gewirkt. Um die richtige Perspektive zu bekommen, ist es wichtig, einige der wichtigen Missionsbewegungen der Kirchengeschichte zu verstehen. Die Geschichte kann Fragen beantworten, z.B. warum Westeuropa heute dem Evangelium gegenüber so verschlossen ist, wo doch aus der selben Region das Licht der Reformation durch Luther und andere so hell schien. Jeder Kontinent hat einen historischen Hintergrund, wobei alle gleich wichtig sind. Die Geschichte der Mission ist nicht nur wichtig sondern auch höchst interessant. Für den hingegebenen Christen ist nichts faszinierender und begeisternder als die Verbreitung des Evangeliums durch die Jahrhunderte zu beobachten. Alles, was wir innerhalb eines Kapitels tun können, ist, die Hauptbewegungen vom Anfang der Gemeinde zu Pfingsten bis jetzt aufzuzeigen.

Die apostolische Zeit

Als die verdutzten elf Apostel den Missionsbefehl bekamen, konnte man nicht ahnen, in welch riesigem Umfang sich das Evangelium in den darauf folgenden Jahren verbreiten würde. Es gab keine zentralen Organisationen, keine speziellen Finanzquellen, keine politischen Einflüsse, keine Bücher vom Begründer und kein Monument. Und doch war es eine strategisch günstige Zeit, weil zum ersten Mal in der Geschichte verschiedene Faktoren zusammentrafen. Das Reisen war über das erstaunliche römische Straßensystem relativ sicher und einfach. Durch die griechische Sprache und Kultur, die sich weit verbreitet hatte, wurde die Kommunikation leicht gemacht.

Die offizielle römische Haltung war, fremde Religionen zu tolerie-
ren, so dass Christen gegenüber kein unmittelbarer Widerstand auf-
trat. Schließlich waren im ganzen Imperium Juden ansässig geworden, deren Synagogen zum Sprungbrett für die Verbreitung der christlichen Botschaft wurden.

Die Ausbreitung des Christentums in apostolischer Zeit

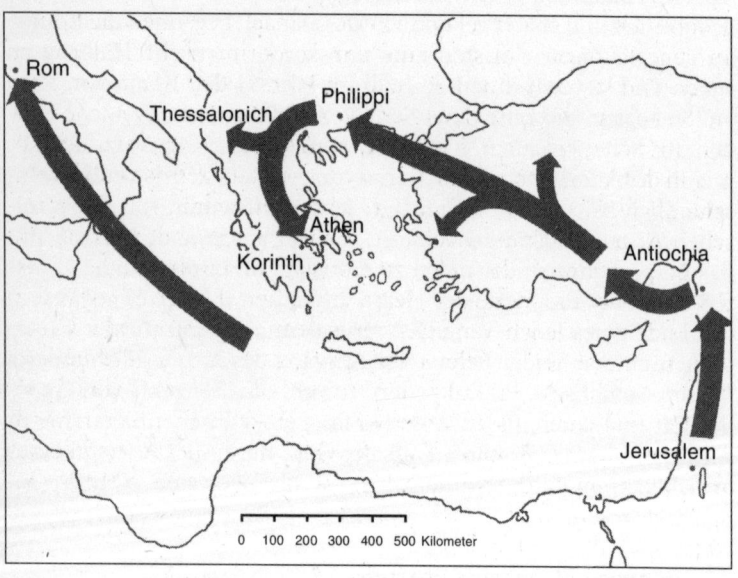

Karte der Missionsreisen

Als die ersten Christen wegen der Verfolgung aus Jerusalem fliehen
mussten, gingen sie in Orte wie Antiochia, wo sie zuerst in der Sy-
nagoge und später unter den Griechen (Heiden) predigten. Gott ret-
tete in Seiner Gnade eine bedeutende Zahl, und so bildete sich eine
Gemeinde. Von dort wurden Missionare ausgesandt, und auch andere Christen gaben Zeugnis, wohin auch immer sie kamen. Ohne
irgendeinen zentralen Plan entstanden überall im Imperium kleine
Gemeinden, manche als Ergebnis vollzeitlicher Missionare und andere als Ergebnis normaler oder gezwungener Umsiedlungen von
Menschen, die es sich zur Aufgabe machten, überall, wo sie hinka-

men, Zeugnis zu geben, zu lehren und Gemeinden zu bauen. Die christliche Wahrheit verbreitete sich wie ein Waldbrand unter Tausenden vorbereiteter Menschen, die die Leere der griechischen und römischen Religion satt hatten.

Der erste Widerstand kam von konservativen Juden, die das Christentum als Bedrohung des Judentums ansahen. Stephanus wurde gesteinigt und andere verfolgt. Später hetzten die Juden bei den römischen Behörden gegen die Christen, woraufhin Paulus gefangen genommen und später geköpft wurde. Danach begannen die Römer, an den gläubigen Christen eine non-konformistische Haltung zu sehen und lasteten ihnen deshalb im Jahr 64 den Brand von Rom an. So begann die erste einer Serie von Verfolgungen. Manche wurden am Scheiterhaufen verbrannt, andere zum Vergnügen der Römer in der Arena den wilden Tieren vorgeworfen. Petrus wurde wahrscheinlich im Jahr 67 gekreuzigt. Jerusalem wurde von der römischen Armee vollständig zerstört. Sie war ausgesandt worden, um das Emporkommen der Juden zu ersticken und während die Christen durch der Prophetie des Herrn entkamen (Lk. 21,21), war dies das Ende eines jeden Versuchs, Jerusalem als Zentrum der Christenheit zu etablieren. Bereits vor Ausgang des ersten Jahrhunderts flossen unbiblische Praktiken ein, sowohl die Trennung von Geistlichkeit und Laien als auch der Anfang einer Kirchenhierarchie in der Erhöhung von Bischöfen aus der Gesamtheit der Ältesten einer örtlichen Gemeinde zu einem Bischof, der über viele örtliche Gemeinden gesetzt wurde.

Die nachapostolische Periode 100-312 n.Chr.

Johannes starb als Letzter der zwölf Apostel. Wahrscheinlich starb er in Ephesus kurz vor Ende des ersten Jahrhunderts. Zu dieser Zeit war die Verfolgung der Gemeinde im ganzen Imperium verbreitet. Dafür gab es verschiedene Gründe. Die römische Religion wurde dadurch beleidigt, dass die Christen den Götterbildern nicht räuchern wollten. Die Römer hatten ihr Vertrauen verloren, weil die Christen sich heimlich trafen, und falsche Berichte ihre Moral und ihre Treue in Frage stellten. Die soziale Ordnung war gesprengt, weil Gläubige aller Klassen sich um den Tisch des Herrn versammelten, ohne die Sklaven von den Freien zu trennen. Die Kaufleute waren aufgebracht, wie im Fall der silbernen Figuren der Göttin

Diana in Ephesus, die nicht mehr gekauft wurden, als viele sich dem Herrn zuwandten. Aus all diesen Gründen dehnte sich die Verfolgung aus. Es gab zehn besonders schlimme Perioden der Verfolgung zwischen 64 und 312.

Die interessante Tatsache ist, dass das Christentum sichtbar zunahm, gerade während dieser schrecklichen Verfolgungen, wo Tausende von Märtyrern hingerichtet und andere in jeder erdenklichen Weise gequält wurden. Das Evangelium fasste im Norden Fuß, es war in Syrien fest verankert, wo Antiochia das Zentrum war. Von dort verbreitete es sich weiter nach Norden und Westen im Gebiet der heutigen Türkei. Dort legten Paulus und seine Begleiter den Grund, und eine große und blühende Bewegung entstand. Ignatius war ein bekannter Leiter in Antiochia, er wurde nach Rom deportiert, wo er dazu verurteilt wurde, von wilden Tieren gefressen zu werden. Polycarp, ein Leiter in Ephesus, wurde im Jahr 156 n. Chr. auf dem Scheiterhaufen verbrannt, weil er sich weigerte, seinen König zu verfluchen. Er war 86 Jahre alt.

Die Evangeliumsbotschaft ging auch westwärts nach Mazedonien und Achaja (das heutige Griechenland) und nach Italien, besonders aber nach Rom. Im Schatten des Kaisers wuchs eine große und einflussreiche Gemeinde heran. Die Gute Botschaft machte dort nicht Halt. In Gallien (Südfrankreich) entstanden sehr viele Gemeinden unter den Römern und Kelten dieses Gebiets. Irenäus von Lyon berichtete von dieser Bewegung, die schon damals eine Kultur überschreitende Mission durchführte. Weiter westlich entstand im zweiten Jahrhundert eine wachsende Gemeinde in Spanien. Paulus hatte die Absicht, nach Spanien zu gehen, aber es ist nicht sicher, ob ihm das gelang. Auch dort blieb das Evangelium nicht stehen. Es gibt sichere Hinweise, dass im zweiten und dritten Jahrhundert in Großbritannien Gemeinden entstanden. Im Jahr 314 nahmen drei Bischöfe aus Britannien am Konzil von Arles in Frankreich teil.

Nach Osten hin gab es im zweiten und dritten Jahrhundert von Syrien aus Fortschritte, als die christlichen Zeugen ostwärts zogen. Starke Gemeinden wurden in Armenien (im Süden Russlands) und in Osrhoene (nördlicher Irak) gebaut. Es gibt auch Hinweise auf Gemeinden in Indien, deren Gründung gewöhnlich dem Apostel Thomas zugeschrieben werden.

Im Süden wuchs die Gemeinde in Alexandrien schnell. Gegen Ende des zweiten Jahrhunderts errichtete Clemens von Alexandrien eine Schule und sein Nachfolger war Origines. Dort wurden Missionare für Nordafrika, Arabien und vielleicht auch Indien herangebildet. Die Bibel wurde ins Koptische übersetzt. In den Ländern, die jetzt Tunesien und Algerien heißen, gab es in jeder Stadt Gemeinden, meist unter den lateinisch sprechenden höheren Klassen. Dort wurde die erste Übersetzung der Schrift ins Lateinische erarbeitet.

Zur Zeit Konstantins (312 n.Chr.) hatte die Gemeinde fast jeden Winkel des römischen Imperiums erreicht, im Osten sogar darüber hinaus. Möglicherweise waren ungefähr zehn Prozent der Bevölkerung Christen, obwohl es so schreckliche Zeiten der Verfolgung gab. Zusammen mit dem Wachstum nahm auch die Trennung von den Prinzipien des Neuen Testaments zu. Die Bischöfe wuchsen in ihrer Autorität. Die Kindertaufe wurde eingeführt. Das Abendmahl war zu einer mysteriösen Handlung geworden, die von einem geweihten Geistlichen ausgeführt wurde. Lehrirrtümer verschiedener Art schlichen sich ein.

Es gab auch Reformgruppen, die versuchten, zurück zu biblischen Idealen zu kommen. Die Montanisten von Phrygien waren unter denen, die die Wiederkunft des Herrn und den rechtmässigen Platz des Heiligen Geistes betonten. Es sind also drei Dinge, die die Missionsgeschichte während dieser Zeit (100-312) charakterisieren: Große Verbreitung, große Verfolgungen und große Abweichungen vom Glauben.

Die Staatskirche von 312 bis 500

Im Jahr 312 gewann Konstantin die entscheidende Schlacht in Rom und wurde dadurch Regent des weströmischen Reiches. Im Jahr darauf wurde in Mailand vom Ost- und Westreich das Edikt der Toleranz beschlossen, das den Christen Religionsfreiheit gewährte. Es wurde populär, ein Christ zu sein, und der Staat unterstützte die Kirche. Äußerlich gab es einige Veränderungen zum Besseren, so wie die Abschaffung der Kreuzigung. Aber innerlich raubte der Verfall bereits die Vitalität der Gemeinde. Heidnische Praktiken wie Standbilder in den Kirchen wurden übernommen. Maria wurde mehr und mehr auf den Leuchter gehoben und das Abendmahl wurde schrittweise zur Messe abgewandelt.

Trotz dieser negativen Faktoren liebten viele den Herrn und wollten
seinem Auftrag gehorchen, die Welt zu evangelisieren. Zwei Seeleu-
te wurden gefangen genommen und nach Äthiopien verschleppt,
wo sie das Evangelium predigten. Als sie später freigelassen wurden, kehrte der eine von ihnen, Frumentius, zurück und gründete
eine Gemeinde, die sich bis heute in verkümmerter Form gehalten
hat.

Im vierten Jahrhundert ging Ulphilas nordwärts zum Unterlauf der
Donau und baute dort unter den Goten eine Gemeinde. Er übertrug
ihre Sprache in eine Schrift und übersetzte die Bibel ins Gotische.
Somit wurde erstmalig das Wort Gottes in »heidnischer Sprache«
wiedergegeben. In Gallien wurde das Evangelium besonders durch St.
Martin, den Bischof von Tours (in Frankreich), voran getrieben. Er
reiste weit umher, um das Evangelium zu entfernten Landstrichen zu
bringen und das Heidentum unter den Franken zu bekämpfen.

In Irland wurde Patrick ein großer Evangelist, der 432 anfing, in
ganz Irland Kirchen und Klöster zu bauen. In dieser Zeit zerfiel das
römische Reich, aber die römische Kirche gewann weltweiten Einfluss.

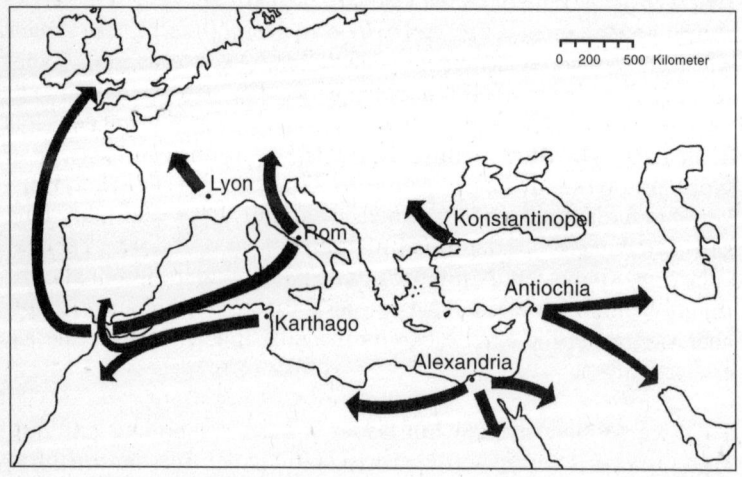

Die Ausbreitung des Christentums bis 500 n.Chr.

Das Mittelalter 500 bis 1500

Mit dem politischen Zerfall des römischen Reichs kam der politische Aufstieg der Kirche und die zunehmende Macht des Papstes. Schließlich erhielten Könige und Kaiser von Westeuropa ihren Thron durch Erlass und Zustimmung vom Papst. Im Mittelalter beanspruchte der Papst wie auch heute, der Stellvertreter Christi auf Erden zu sein und erklärte, die Welt an Christi statt zu regieren. Trotz der päpstlichen Macht und der Korruption in der Kirche gab es Gebiete mit missionarischem Eifer und Interesse. Der Einfluss des Papsttums hatte den entfernten Westen Irlands noch nicht erreicht, und von dort verbreitete sich das Evangelium im sechsten und siebenten Jahrhundert über ganz Nordeuropa. Von dem berühmten Kloster auf der Insel Iona an der Westküste Schottlands reisten Missionare nach Schottland, England, Frankreich, Luxemburg, Norditalien und in die Schweiz. Colomba und Aidan waren zwei der bekannteren irischen Evangelisten jener Zeit. Im Verlauf des finsteren Zeitalters verband sich die irische Kirche mehr und mehr mit Rom und das Interesse an der Evangelisation schwand dahin.

Südengland wurde von der christlichen Botschaft angerührt, als Papst Gregor der Große im Jahr 596 Augustinus nach Canterbury sandte. (Dieser Augustinus darf nicht verwechselt werden mit seinem berühmteren Namensvetter von Hippo in Nordafrika.) Diese Arbeit war weit weniger evangelikal als die irische. Deutschland und später auch Holland wurden durch den englischen Missionar Bonifazius (680-755) erreicht. Inzwischen kam Ansgar, der Apostel des Nordens, nach Schweden. Während es wenigstens einige Fortschritte in Nord- und Westeuropa gab, wurde die Kirche an den südlichen Flanken durch die Armee Mohammeds dezimiert. Über 100 Jahre lang gab es nichts als Sieg der muslimischen Soldaten. Arabien, Persien, Palästina, Kleinasien, Nordafrika und Spanien kapitulierten alle vor ihnen. Schließlich wurden sie 732 in Tours in Frankreich gestoppt, aber sie hatten die Kirche bereits in den Ländern besiegt, die sie erobert hatten.

1054 wurde die Ostkirche auf Dauer von der Westkirche getrennt. Vom Osten aus wurden einige Fortschritte in der Zeit der muslimischen Eroberung gemacht. Konstantinopel war inzwischen die zivilisierteste Stadt der christlichen Welt. Das Eindringen des Islam hatte

die christliche Welt in zwei Hälften geteilt, aber nicht einmal das
konnte den Lauf des Evangeliums aufhalten. Im neunten Jahrhundert ging Kyril nach Norden zu den slawischen Völkern. Von dort
aus wurden Bulgarien und Jugoslawien erreicht. Um das Jahr 1000
wurde Kiew in Russland erreicht und das Christentum verbreitete
sich auf viele Teile des europäischen Russlands. Inzwischen kamen
die deutschen Christen im Osten in Böhmen, Ungarn und Polen
voran.

Ein anderer Zweig, das nestorianische Christentum, war eine frü-
here Bewegung von Konstantinopel aus. Nestorius war von Antiochia
aus Gründen seiner Lehre exkommuniziert worden und ließ sich in
Persien, in Edessa, nieder. Von dort breitete sich das nestorianische
Christentum entlang der Handelsrouten östlich vom kaspischen
Meer bis zum chinesischen Meer mit unterschiedlichem Erfolg aus.
Zu jener Zeit wurde in China aber keine bleibende Gemeinde er-
richtet.

Auf der Höhe des Mittelalters schlugen die sieben Kreuzzüge, die
das Heilige Land vom Islam befreien sollten, fehl, obwohl Jerusalem für einige Zeit in christlichen Händen war. Der Erfolg der Kreuzzüge war, dass die Beziehungen zwischen Moslems und Christen
auf Dauer zerstört wurden. Das beeinträchtigt heute noch die Mission in jenen Ländern. Eine Folge war auch die dauerhafte Teilung
der Ost- und Westkirche, und die ganze Moral der Christenheit wurde
gesenkt. Alles in allem war es ein düsterer Schandfleck für den Namen des Herrn Jesus Christus.

Obwohl die Situation dekadent und bruchstückhaft war, war Gott
noch am Werk. Es gab noch Menschen, die hartnäckig an der Einfachheit des Evangeliums festhielten. Einer davon war im 12. Jahrhundert Peter Waldo aus Lyon, Frankreich. Er lehrte das reine
Evangelium und wurde schließlich von der römischen Kirche exkommuniziert. Seine Nachfolger leben heute noch in Italien und an
anderen Orten, und werden Waldenser genannt. Inzwischen gab es
in der römischen Kirche eine Erneuerung des Interesses für Mission. Beginnend mit Franz von Assisi (1181-1226) hatten Missions-
bestrebungen der Kirche nicht wie früher die Klöster sondern die
Ordensbrüder zum Mittelpunkt. Von diesen Orden wurden Gesandte
zur mongolischen Hauptstadt in Asien (Johannes von Plano Carpi-

ni) und sogar bis nach Peking in China (Johannes von Monte Corvino) geschickt. Ordensbrüder kamen auch nach Persien und Indien. Einer der größten Missionare war Raymond Lull (geboren 1235). Er hatte eine Last für Moslems, entwickelte eine rationale Erklärung des Evangeliums um sie zu erreichen und betonte, wie wichtig es ist, die Sprache gut zu erlernen. Er starb als Märtyrer in Nordafrika.

In England zündete John Wycliff das Licht der Bibel an, und stellte damit die Lehre der römischen Kirche bloß, wofür er gehasst wurde. Er übersetzte die Bibel ins Englische und sorgte für eine weite Verbreitung. Er wurde »der Morgenstern der Reformation« genannt. Die Schrift wurde mehr und mehr verbreitet. Ausländische Studenten kamen nach Oxford zum Studium, unter ihnen war Jerom aus Prag, der dem Johannes Hus in Böhmen die Wahrheit weitergab. Johannes Hus predigte furchtlos und wurde schließlich von den Priestern überlistet, gefangen genommen, mit falschen Anklagen belastet und in Konstanz auf dem Scheiterhaufen verbrannt.

Die Zeit der Reformation 1500 bis 1792

Der Name Martin Luthers ist eng mit der protestantischen Reformation verbunden. Wie sich die Wahrheit verbreitete, nahmen viele Nordeuropäer den Protestantismus an. Man könnte meinen, das würde zu einer weltweiten Verbreitung und neuen missionarischen Bemühungen geführt haben. Genau das Gegenteil war der Fall. Die Reformatoren waren sehr langsam in Bezug auf weltweite Verbreitung. Teilweise beruhte das auf ihrer starken Überzeugung von Prädestination, die zu dem Schluss führte, Evangelisation sei allein Gottes Werk. Sie waren auch durch den dreißigjährigen Krieg geschwächt. Nordeuropa hatte auch keine Kolonien als Missionsfeld. In der gleichen Zeit (1500-1700) fasste die katholische Mission Fuß in den spanischen und portugiesischen Kolonien.

Es gab einige wenige Protestanten, die die Mission vorantrieben, wie Savaria und Baron von Weltz, aber meistens hörte man nicht auf ihre Stimmen. Aber Gott bereitete die Welt auf eine große missionarische Bewegung vor. Verschiedene Faktoren waren wichtig. Erstens hatte die Reformation stattgefunden und es gab Zehntausende wahrhaft Gläubige in Europa. Zweitens hatte Gutenberg die Druckerpresse mit beweglichen Buchstaben erfunden, was eine Li-

teraturherstellung in großen Auflagen erlaubte. Drittens begannen
gerade die nördlichen Länder Westeuropas Handelsbeziehungen mit
dem Osten zu knüpfen, und Segelschiffe umsegelten die Welt. Es
war das Zeitalter der Entdeckungen. Viertens gaben die intellektuel-
len Fortschritte der westlichen Länder Anlass zu dem Mythos der
Überlegenheit der Weißen. Aber auch ein sensibles Bewusstsein
anderen gegenüber wurde wach. Es begann die Bewegung gegen die
Sklaverei, weil man den Wert der Seelen anderer sah. Fünftens bereitete Gott einflussreiche Menschen für den großen Fortschritt der
pietistischen Bewegung in Deutschland vor. An der Universität Halle
fing man an, Missionare heranzubilden, von denen einige von der
dänischen Regierung 1706 nach Indien gesandt wurden. Graf Zinzendorf inspirierte die Herrenhuter Brüder, die bald Missionare nach
zehn Ländern der Welt aussandten. In Amerika gab es Bemühungen, die Indianer durch Männer wie John Elliot und David Brainard
zu evangelisieren. Gott bereitete sein Volk für das große Jahrhundert der Mission vor.

Das große Jahrhundert der Mission 1792 bis 1914

In England hatte das evangelikale Erwachen unter Whitefield und
den Brüdern Wesley das Land für seinen Teil an der weltweiten Mission vorbereitet. John Wesley selbst wurde durch die mährische Bewegung bekehrt und von Graf Zinzendorf beeinflusst. William Carey,
ein Teilzeitpastor und Schuhmacher, hatte ein Herz für die Verlorenen und brachte sein Anliegen vor die baptistischen Pastoren. Die
Folge war die baptistische Missionsgesellschaft. Carey wurde als erster Missionar 1793 nach Indien ausgesandt. Dies wird für gewöhnlich als der Beginn der modernen Missionsbewegung angesehen.

Der Student wird jedoch bemerkt haben, dass Gott in allen Jahrhunderten gewirkt und sein Volk gebraucht hat. Innerhalb weniger Jahre
wurden weitere Missionsgesellschaften in England, Schottland, in der
Schweiz und den U.S.A. gegründet. Zunächst siedelten sich Dutzende und später Hunderte von Missionaren in entfernten Gebieten der
Welt an. Sie lernten die Sprachen, übersetzten die Bibel, errichteten
Schulen, behandelten die Kranken und bauten Gemeinden.

Sie stießen auf Widerstand jeder nur erdenklichen Art. Carey durfte
weder auf einem englischen Schiff reisen noch in einer englischen

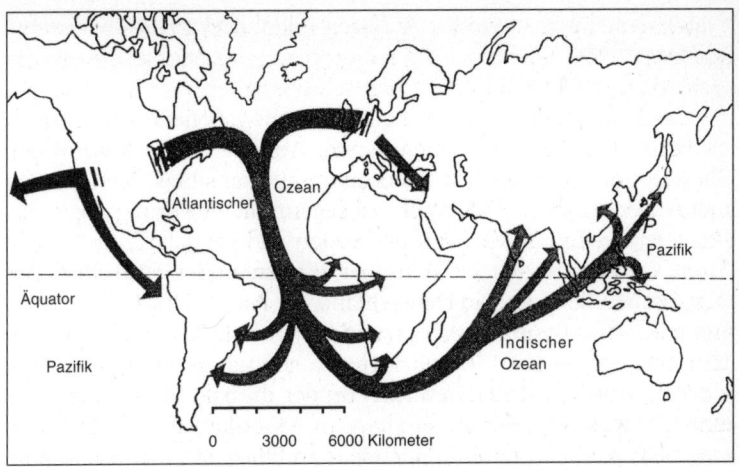

Das 19. Jahrhundert war das Jahrhundert der Mission

Siedlung wohnen. Er arbeitete hauptsächlich von einer dänischen Kolonie in Indien aus, die den Namen Serampore trug (bei Kalkutta). Große Männer wie John Marshman und William Ward schlossen sich ihm an. Andere Gruppen sandten Männer wie Henry Martyn, dessen Tagebuch immer noch ein Schatz für Andachten ist. Alexander Duff von der schottischen Kirche arbeitete unter den Bengalen. Robert Morrison kam 1807 in Kanton in China an und war zunächst gezwungen, versteckt zu leben, während er die Übersetzung des Neuen Testaments begann. Inzwischen erreichte die Missionsbewegung auch Südostasien und die Südseeinseln.

Die amerikanische Mission hatte ihren Anfang in einem Heuschober bei Williams College, wo christliche Studenten Schutz vor Sturm und Regen suchten. Sie beteten für die heidnische Welt und kamen zu dem Schluss: »Wir können sie erreichen, wenn wir nur wollen.« Von diesem Ausgangspunkt startete Adoniram Judson nach Burma, und viele andere folgten ihm. Amerikanische Gruppen beteiligten sich neben denen aus Europa. Schon 1818 wurden Missionare in den Nahen Osten geschickt, wo sie großen Widerstand erfuhren, aber tapfer weiter machten. Das Ergebnis davon ist bis heute kläglich. Als einer der ersten in Afrika bemühte sich Robert Moffatt unter dem Stamm der Tswana in Südafrika. Sein Schwiegersohn,

David Livingstone, wurde von Gott als Pionier in ein großes Gebiet
in Zentralafrika geschickt, und viele Missionare folgten seinem Beispiel. Livingstone starb 1873 in dem Landstrich, der heute Sambia
genannt wird, aber zu der Zeit gab es dort schon einige Missionare,
und es wurden immer mehr. Krankheit, Seuchen, Unfälle und Tod
rafften fast die Hälfte dieser frühen Missionare, die nach Afrika kamen, hinweg, aber es kamen immer mehr hinzu.

In der zweiten Hälfte des 19. Jahrhunderts ging es noch schneller
voran. Endlich ergab Japan sich dem Druck evangelistischer Arbeit
im Jahr 1858. Glaubensmissionen ohne Denomination entstanden,
anfangend mit der China Inland Mission gegründet von James Hudson Taylor. Korea öffnete sich, gefolgt von den Philippinen. Um 1870
gab es buchstäblich Tausende von Missionaren in allen bekannten
Teilen der Erde, und sie erreichten nach Möglichkeit jedes Volk und
jeden Stamm. In dieser Zeit öffnete sich auch Lateinamerika der
evangelikalen Mission. Brasilien war eines der ersten Länder, wo
Dr. Robert Kelly eine Arbeit in Rio begann. Trotz starker Opposition
der römisch katholischen Kirche durchdrang das Evangelium ein
Land nach dem anderen. Nicht nur in Lateinamerika, sondern in
der ganzen Welt war die Zeit zwischen Careys Abreise nach Indien
im Jahr 1793 bis zum Ersten Weltkrieg 1914 die Zeit der größten
Ausdehnung des Evangeliums seit der apostolischen Zeit.

Mission im zwanzigsten Jahrhundert

Die explosive Verbreitung der Mission im 19. Jahrhundert lief par-
allel zur Entwicklung der Kolonisation und dem Überlegenheitsge-
fühl des Westens. Der Erste Weltkrieg trug viel dazu bei, den Traum
einer vom Westen geführten Welt zu vernichten. Viele Nationen
wurden in Konflikte hineingezogen, für die sie kaum einen christlichen Grund fanden. Als Japan 1905 die Russen besiegte, wurde erstmalig eine westliche Nation von einer östlichen erniedrigt. Danach
brachte die russische Revolution 1917 den Anfang einer neuen antichristlichen Kraft in die Welt. Zu diesem Durcheinander kam noch
hinzu, dass die meisten der protestantischen Gruppen durch die
liberale Richtung vergiftet wurden, und das Interesse für Mission
bei ihnen sank. Dann kam die große Depression der Jahre um 1930,
und die finanziellen Hilfsmittel für die Mission verringerten sich
stark.

Trotz all dieser Ereignisse war Gott am Werk. In Afrika gewann die Kirche an Stärke und Reife. Städte entstanden, und die Verstädterung brachte das Evangelium in diese Städte. In Asien gab es ein ständiges Wachstum, außer in China, wo das Christentum durch eine Serie von Umständen zurückschritt. In Lateinamerika entwickelte sich eine bedeutende evangelikale Kirche. Im Allgemeinen verlagerte sich die Mission von den europäischen Nationen nach Nordamerika, von woher jetzt die meisten Missionare kamen. Sie gingen von der Bewegung der Bibelschulen anstatt von Universitäten aus, wie es früher der Fall war. Vielleicht beschreibt das Wort »Konsolidation« die Missionsarbeit zwischen den beiden Weltkriegen am besten.

Der Zweite Weltkrieg brachte mehr Veränderungen. Er brachte das Ende der Kolonialzeit; innerhalb weniger Jahre wurde praktisch fast jede Kolonie unabhängig. Zuerst waren fast alle den Missionaren gegenüber tolerant, deren Anzahl in den 60er Jahren ihren Höhepunkt erreichte. Die einheimischen Kirchen reiften mehr oder weniger heran und übernahmen mehr und mehr die Verantwortung für die Verbreitung, ohne die Leitung ausländischer Missionare.

Vor mehr als neunzehnhundert Jahren sagte der Herr Jesus: »Ich werde meine Gemeinde bauen und des Hades Pforten werden sie nicht überwältigen« (Mt. 16,18). Der kurze Überblick über die Jahrhunderte, den du gerade gemacht hast, kann nur bestätigen, dass Gott ganz sicher in der Geschichte wirkt. Trotz Opposition und Anfeindung ist die Gemeinde Jesu Christi lebendig und wohlbehalten, während Gott immer noch Menschen für Seinen Namen aus den Nationen herausruft.

Fragen für Studium und Diskussion zu Lektion 10:

1. Welches waren die Hauptkennzeichen des apostolischen Zeitalters und in welcher Weise wirkte sich das auf die Mission aus?

2. Beschreibe, wie das Christentum sich trotz grausamer Verfolgungen in der nachapostolischen Zeit ausbreitete. In welchen Gebieten verbreitete sich das Evangelium? Welche Auswirkung hat Verfolgung auf die Gemeinde?

3. Welches waren die wichtigsten Kennzeichen in der Zeit der Staatskirche? Wo gibt es heute noch Staatskirchen? Welche Auswirkungen hatten die Staatskirchen auf die Mission?

4. In welchem Maß wirkte das Zeugnis des Evangeliums im Mittelalter?

5. Welcher bedeutsame Faktor zerstörte die Beziehungen zwischen Moslems und Christen?

6. Nenne einige bedeutende Personen, die die Sache Christi im Mittelalter voran trieben.

7. Wie wurden wichtige Faktoren der Reformationszeit von Gott gebraucht, um die Welt für eine große Missionsbewegung vorzubereiten? Nenne einige der Männer, die Gott in dieser Zeit gebrauchte.

8. Diskutiere die hauptsächlichen evangelistischen Bemühungen während der »modernen Missionsbewegung«.

9. Wie beurteilst du die Entwicklung der Mission im 20. Jahrhundert?

10. Erarbeite eine Tabelle, in der du die verschiedenen Zeiten der Kirchengeschichte vermerkst, und zeige die wichtigsten Merkmale jeder Periode bezüglich der Ereignisse und Personen auf.

11 Das heutige Umfeld der Mission

Die Welt, in der du lebst, ist das Missionsgebiet. In dieses Gebiet bist du mit der Botschaft des Lebens hineingestellt. Wie die Botschaft aufgenommen wird, steht unter dem Einfluss der Bedingungen, die in der Welt herrschen. Die Älteren beklagen manchmal, dass »die Dinge nicht mehr so sind, wie sie waren«, und das ist wahr. Die Welt verändert sich. Diese Veränderungen gehen jetzt viel schneller vor sich als jemals in der Geschichte, und zwar durch den rapiden Fortschritt in Wissenschaft und Technik. Die sich verändernde Welt bringt neue Herausforderungen für die Mission mit sich.

Es gibt einige Dinge, die sich nie verändern werden. Die Botschaft, die wir predigen, verändert sich nie (Apg. 4,12). Die Prinzipien der Mission, die wir in einer früheren Lektion besprochen haben, sind heute genau so nützlich wie je zuvor (Evangelisation, Jünger machen und Gemeindebau). Aber der Zustand der Welt, zu der die Botschaft gebracht wird, verändert sich. Jeder Leser, der die vergangenen zehn Jahre betrachtet, wird zahlreiche bedeutsame Veränderungen in der Welt entdecken. Missionsarbeit muss in der Umgebung einer sich verändernden Welt getan werden. Als ein erfolgreicher Botschafter musst du die dich umgebende Welt in Betracht ziehen. Ein politischer Botschafter, der in ein anderes Land geschickt wird, um seine eigene Regierung zu vertreten, muss viel Unangenehmes ertragen, während er sich an seine neue Umgebung gewöhnt. So sollte es bei den Botschaftern des Königs aller Könige, den Missionaren, auch sein. Sie müssen wie die Männer des Stammes Issaschar sein, die mit David gingen, um seine Herrschaft im Feindesland aufzurichten. »... die die Zeit zu beurteilen verstanden und wussten, was Israel tun musste« (1. Chron. 12,33). Wir sollten diesen Männern nacheifern.

Wenn du »die Zeit zu beurteilen« lernst, wirst du dir einige der heute bestehenden Tatsachen in der Welt vergegenwärtigen. Jede Zeitperiode wird von bedeutenden Faktoren markiert. Unsere Zeit macht da keine Ausnahme. Einige dieser Faktoren sind für die Mission von großer Bedeutung. Diese wollen wir jetzt betrachten.

Die Bevölkerungsexplosion und der Mangel an Rohstoffen

Ohne Frage ist die unglaubliche Vermehrung der Bevölkerung eine höchst bedeutsame Realität unserer modernen Welt. Als der erste der modernen Missionare, William Carey, 1793 nach Indien ging, gab es auf der ganzen Welt knapp eine Milliarde Menschen. Heute, zweihundert Jahre danach, gibt es sechsmal so viel Menschen und ihre Zahl wächst immer schneller. Dieser Zuwachs wird besonders augenscheinlich, wenn uns die Demographen verdeutlichen, dass die Hälfte der Menschen, die es je auf dem Planeten Erde gab, heute noch am Leben sind. Das bedeutet, dass von der Zeit von Adam an bis jetzt ungefähr zwölf Milliarden Menschen gelebt haben. Die Bevölkerung nimmt so schnell zu, dass die Hälfte aller Menschen in diesem Moment am Leben ist. Das ist eine erschütternde Tatsache für die Mission.

Heute Morgen gibt es circa zweihunderttausend mehr Menschen auf der Welt als gestern früh. Diese große Zahl müsste jeden Tag mit dem Evangelium konfrontiert werden, nur um dem Bevölkerungszuwachs Rechnung zu tragen. Die Weltbevölkerung ist jung. In vielen Ländern beträgt das Durchschnittsalter weniger als 15 Jahre. Die Weltbevölkerung ist hauptsächlich asiatisch. Mehr als die Hälfte der ganzen Bevölkerung lebt auf diesem Kontinent. In China leben fast 1.300.000.000 Menschen; in Indien fast 1.000.000.000; in Indonesien 200.000.000; in Japan 130.000.000; in Bangladesch 130.000.000 und in Pakistan fast 150.000.000. Vergegenwärtige dir diese Zahlen, und du wirst zu dem Schluss kommen, dass die Welt mit Menschen überschwemmt ist. Die Bedeutung dieser Zahlen ist ernüchternd für die Mission. 1994 gab es ungefähr 76.000 protestantische Missionare. Selbst wenn sie alle evangelikal wären (was sie nicht sind), und selbst wenn sie gleichmäßig auf dem Missionsfeld der Welt verteilt wären (was sie sicherlich nicht sind), würde das bedeuten, dass jeder Missionar die erschütternde Aufgabe hätte, ungefähr achtzigtausend Menschen zu gewinnen und zu Jüngern zu machen, um seinen Beitrag zu leisten.

Mit solchen Statistiken könnten wir fortfahren, und sie wären bald veraltet und vielleicht noch markanter. Der Punkt ist, dass der große Auftrag (Mt. 28,18-20) für uns in der heutigen Welt immer noch gilt. Nur unsere Generation von Christen kann die Menschen erreichen, die jetzt leben.

Verbreitung der vorherrschenden Religionen

Die Strategie der Missionsarbeit muss im Hinblick auf die explodierende Bevölkerung geplant werden. Irgendwie muss die Botschaft vom Evangelium die zunehmenden Millionen erreichen. Eines ist gewiss, du als Gläubiger musst mitarbeiten, wenn die Arbeit erledigt werden soll.

In dem Maß, wie sich die Bevölkerung der Welt vergrößert, verringern sich die Rohstoffe. In den meisten hoch entwickelten Ländern ist die Beschaffung von Energie ein großes Problem. Die Macht über Erdöl und andere Energiequellen ist in unserer Zeit ein Schlüssel geworden. Gegenwärtig ist die Nahrungsbeschaffung unzureichend, und die Zukunft gibt denen, die die Situation überblicken, Grund zu ernsthaften Befürchtungen. Einige der größten Länder der Welt haben die größten Probleme. Tausende sterben täglich vor Hunger, besonders in Südostasien. Hat die christliche Welt eine Antwort auf solche Probleme? Gutes Ackerland wird rar, und Rohstoffe für die Fabrikation nehmen ab.

Die Menschen der dritten Welt suchen im Westen Hilfe. In ihrem Denken steht der Westen in Verbindung mit dem Christentum. Wo ist hier die Verantwortung der Evangelikalen? Können wir unter Leuten, denen der Magen knurrt, predigen? Der Missionar muss in einer hungernden Welt arbeiten. Du musst damit klar kommen, und die Antwort wird nicht leicht sein.

Der abnehmende Einfluss der westlichen Welt

Die Geschichte der Mission seit der Zeit William Careys ist erstaunlich. Der Fortschritt des Evangeliums trotz merkwürdiger Schwierigkeiten wird jeden hingegebenen Christen begeistern. In den vergangenen zweihundert Jahren konnte man sehen, wie das Evangelium von den westlichen Ländern aus bis in jedes größere Land der Welt gebracht wurde. Beachte, dass einige der Westmächte auch Kolonialmächte waren. Missionare aus dem Westen hatten große Vorteile, weil ihre Heimatländer Kolonialmächte waren. Als Bürger dieser Länder hatten sie zu den meisten Kolonien (die Länder der Dritten Welt) leichten Zugang. Sie hatten auch einen Schutz, der anders nicht möglich gewesen wäre. Die Missionare nutzten die Möglichkeiten zurecht, die sich ihnen von Land zu Land boten. Sie

kamen mit dem Evangelium herein, errichteten einheimische Gemeinden unter dem Banner des Kreuzes. Dabei erhielten sie einige
Unterstützung von ihren eigenen Regierungen.

Das Wort Kolonialismus hat heute einen schlechten Beigeschmack.
Aber der Student in Sachen Mission sollte daran denken, dass es
Gott gerade in der Kolonialzeit gefiel, zum ersten Mal das Evangel-
ium in der ganzen Welt voran zu treiben. Es wurden Leiter ausgebil-
det, Gemeinden errichtet und die Grundlage zur weltweiten Ver-
breitung des Evangeliums gelegt. Buchstäblich wurde der Lauf der
Geschichte verändert durch den zunehmenden christlichen Einfluss.
Wenn es auch schlechte Aspekte in der Zeit des politischen Impe-
rialismus gab, so war diese Zeit doch für die christliche Mission ein
Triumph. Christen, die die Zeiten verstehen, sollten daran denken.

Seit dem Zweiten Weltkrieg haben sich diese kolonialen Bedingungen
alle verändert. In weniger als dreißig Jahren nach dem Krieg war die
riesige politische Ausdehnung westlicher Mächte praktisch ausradiert.
In rascher Folge gewannen die sich entwickelnden Länder ihre Unabhängigkeit mit nationalen Regierungen. In den siebziger Jahren war
der Kolonialismus Westeuropas und Nordamerikas tot. Diese politische Umwälzung hatte für die Mission bedeutsame Folgen. Die neuen
unabhängigen Länder waren immer noch das größte Missionsfeld der
Welt, aber die Entscheidung betreffs Mission lag jetzt in ihren eigenen
Händen. Die Westmächte, die der Mission noch wohlgesinnt waren,
hatten in diesem Punkt nichts mehr zu sagen. Während einige der sich
neu entwickelnden Länder eine fortgesetzte Mission erlaubten, waren
andere feindlich gesinnt. Das ganze Konzept der Missionsstationen als
Zentrum der Mission in einem heidnischen Land musste verändert
werden. Die Missionsarbeit muss heute getan werden unter den neuen
Gegebenheiten der unabhängig gewordenen Länder. Es kann für westliche Missionare schwierig sein, ein Visum zu bekommen, weil die
neuen Nationen die Gefahr eines erneuten Imperialismus fürchten.
Der Einfluss des Westens ist zurück gegangen.

Wachsender Nationalstolz und Identitätsbewusstsein bei den Stämmen

Die Schirmherrschaft unter der die Missionare zweihundert Jahre
lang gearbeitet hatten ging zu Ende. Aber damit entstand eine wei-

tere ähnliche Situation. Nachdem die neu entstandenen Nationen der Macht des weißen Westens entkommen waren, waren sie verständlicherweise stolz auf ihre nationale und standesgemässe Identität. Der ethnische Stolz manifestierte sich darin, dass sie alles Erdenkliche nationalisieren wollten, wie den Handel, die Bildung, Regierung und Religion. Die Afrikaner afrikanisierten, die Inder indianisierten usw. Das Ergebnis war nicht immer gut, aber ihr Enthusiasmus für ihre eigene Identität war sehr groß. Missionare, die ihre eigene Nationalität zu sehr betont und eine Gemeinde mit fremder Kultur gebaut hatten, bekamen Probleme. Die Einheimischen wollten keine Gemeinde mit westlichem Beigeschmack.

Dieser Geist der Identität wirkt bei örtlichen Gemeinden in der ganzen Dritten Welt. Viele Gemeinden, die in der Kolonialzeit gebaut wurden, waren stark durchsetzt mit den westlichen Traditionen der Missionare, die die Gemeinde gegründet hatten. Die Musik, die Organisation, die Kleidung, die Zeit der Gottesdienste, alles spiegelte die Heimat des Missionars wider. Noch schlimmer, der Missionar selbst behielt die Leitung und wurde schließlich von einem anderen Missionar anstatt von einem Einheimischen ersetzt. Davon wird heute nichts mehr toleriert. Die Leiterschaft und die Traditionen der einheimischen Gemeinde müssen ihre eigene Identität widerspiegeln. Missionare haben immer noch einen Platz in der Mission, aber sie müssen eine Rolle als Diener, nicht als Leiter der einheimischen Gemeinden akzeptieren. Sie müssen den Wert schätzen, den die Menschen ihrer eigenen Identität zumessen.

Die Entwicklung von noch nie dagewesenen Kommunikationsmitteln

Ohne jeden Zweifel ist die Entwicklung moderner Kommunikationsmedien ein herausragendes Phänomen unseres Zeitalters. Es hat besondere Vorteile gegeben, die die Mission beeinflussten, weil ihre Hauptaufgabe ja Kommunikation ist. Es reicht, nur einige davon zu erwähnen, um die Herausforderung aufzuzeigen, die diese Erfindungen dem Verkündiger des Evangeliums bringen. Die Buchdruckerei ist von den hölzernen Typen von Gutenberg zum Hochgeschwindigkeitsdruck entwickelt worden. Früher konnte man eine menschliche Stimme nur in begrenzter Entfernung hören, heute bringt das Radio die Stimme in jeden Winkel der Welt. Das Blickfeld, das auf die Sehweite des menschlichen Auges beschränkt war, ist jetzt so erweitert, dass Bilder in einem Augenblick per Fernsehen und Satelliten überall hin ausgestrahlt werden können.

Bis vor kurzem war man auf die Geschwindigkeit eines Pferdes beschränkt. Jetzt kann man in ein paar Stunden durch Flugreisen fast überall hin kommen. Die Kapazität des Transports hat sich von ein paar Tonnen auf einem kleinen Segler bis zu einer halben Million Tonnen entwickelt, die ein einziger Tanker an Rohöl transportiert. Diese Mittel von Kommunikation und Transport können benutzt werden, um den Missionsbefehl auszuführen.

Der Geist von Revolution, Aufruhr und Rechten

Der Wohlstand der entwickelten Nationen der Welt ist ein bemerkenswerter Zug des Zeitalters, in dem du lebst. Selbst Menschen der Mittelklasse leben in Luxus und Bequemlichkeit, was selbst Könige vergangener Generationen neidisch gemacht hätte. Der Neid eines früheren Königs spielt hier aber keine Rolle. Die Armen der Entwicklungsländer sind sich der Kluft voll bewusst, die zwischen ihrem Lebensstandard und dem der Wohlhabenden existiert. Mit diesem Bewusstsein kommt der Wunsch, all das zu besitzen, was ihrer Meinung nach ihr Anteil am Wohlstand und ihre Menschenrechte sind.

Mit ähnlichen Gefühlen schreien Minderheiten in den meisten Ländern nach einer größeren politischen Beteiligung in der Regierung. Da sie glauben, dass ihre Interessen weder vertreten noch ihre Rechte geschützt werden, stellen sie Forderungen. Wenn diese Forderungen unbeachtet bleiben, kann Aufruhr die Folge sein. Wenn das nichts bringt, kann es eine Revolution geben. Tragischerweise sind die Forderungen oft gerechtfertigt, und ganz oft stellen sich gerade diejenigen dagegen, die von dem gegenwärtigen Zustand begünstigt sind. Solche gespannten Situationen entstehen an zahlreichen Orten in der ganzen Welt. Schon das Durchblättern eines Nachrichtenmagazins wird das verdeutlichen.

Höchstwahrscheinlich wirst du Antworten finden müssen, wenn du Gott als Missionar dienst. Die Leute, die Fragen stellen, werden wahrscheinlich die Armen sein. Wie willst du ihnen antworten? Es ist sinnlos, sie an die Herrlichkeit des Himmels zu erinnern. Die Menschen der Dritten Welt brauchen jetzt Brot und Butter, Repräsentation, Rechte und Privilegien. Vieles mag berechtigt sein, aber der Missionar wird merken, dass er in seinem Dienst Prioritäten setzen muss. Ganz abgesehen von den Forderungen nach der Befriedigung sozialer Bedürfnisse, muss man fragen, welchen Platz die geistlichen Bedürfnisse der Menschen haben. Als Vertreter des Herrn Jesus musst du sicher gehen, dass deine Zeit, deine Mittel und Energien den obersten Prioritäten gehören. Sei auch davon überzeugt, dass sie biblisch sind. Es ist eine gute Regel, dem Herrn Jesus und dem Apostel Paulus nachzueifern. Es ist wichtiger, dem Herrn als den Menschen zu gefallen. Wenn du dem Herrn gefallen willst, wirst du nicht allen Menschen gefallen können.

Vorsicht ist jedoch solchen Gruppen, auch sogenannten christlichen Gruppen gegenüber ratsam, die Aufruhr und Revolution befürworten und dabei nur humanistisch ausgerichtet sind. Sie mögen wenig Interesse an ewigen Dingen haben. Opfere deine unbezahlbaren ewigen Werte nicht den zeitlich begrenzten Zielen. Sei auf jeden Fall Salz der Erde und stehe gerade für die Rechtschaffenheit. Aber sei vorsichtig mit Menschenrechten, die oft nicht so biblisch sind wie manche behaupten.

Das alarmierende Emporkommen antichristlicher Mächte in der Welt

Die moderne Mission ist beeinflusst von verschiedenen mächtigen Ideologien, die das Evangelium direkt im Denken der Menschen bekämpfen. Sie sind antichristlich, das bedeutet, sie widersetzen sich dem Eindringen des Evangeliums in ihre Kultur. Die Mission existiert nicht in einem Vakuum. Die Missionare treffen Menschen, die schon von Ideologien beeinflusst und selten begierig darauf sind, diese schnellstens aufzugeben. Die Mission befindet sich in einem Wettstreit und Kampf. Satan und seine Mächte haben ein Furcht erregendes Aufgebot von Alternativen zu dem christlichen Evangelium. Sie alle führen auf den breiten Weg (Mt. 7,13). Wenn du gewinnen willst, musst du deine Gegner kennen. Einige betrachten wir hier:

Kommunismus. Der Kommunismus ist eine der verbreitetsten antichristlichen Mächte. Er nennt sich selbst eine atheistische Bewegung, aber gibt nicht so leicht zu, dass er selbst eine Religion ist. Er beansprucht Glauben und Verehrung seiner Anhänger. Deshalb ist der Kommunismus unter anderem eine Religion, die das Evangelium stark bekämpft. In jedem Land, wo er eingeführt wurde, gab es in gewissem Grad Christenverfolgungen. Druck und Verfolgung haben in einigen Ländern die Gemeinde in den Untergrund getrieben. Heute werden über 1,3 Milliarden Menschen von kommunistischen Regierungen beherrscht. In vielen anderen Ländern ist der Kommunismus und der verbundene Atheismus eine wachsende Ideologie und stellt eine reale Macht dar, mit der Missionare kämpfen müssen.

Islam. Eine weitere antichristliche Macht im weltweiten Kampf ist der Islam. Über eine Milliarde Menschen sind Moslems und verbeugen sich fünfmal täglich in Richtung Mekka. Von Marokko über Nordafrika, durch den mittleren Osten und Südasien bis Indonesien ist der Halbmond des Islam vorherrschend. Dieser große Teil der Weltbevölkerung hat dem Evangelium mehr als jeder andere widerstanden. Gewöhnlich verbringen Missionare unter ihnen Jahre, bevor sie einen Bekehrten sehen. In der Türcki gibt es nur ungefähr 500 bckehrte Moslems in einer Bevölkerung von 60 Millionen Menschen, und das nach über 100 Jahren der Bemühungen.

Die Moslems widerstehen nicht nur dem Evangelium, sondern sie bekämpfen es auch oft. Sie verfolgen Missionare und Gläubige selbst bis zum Tod. Der Pfad des Evangeliums in moslemischen Gebieten ist selbst bis zum heutigen Tag mit dem Blut von Märtyrern getränkt. Ihre Religion, der Islam, breitet sich in Gebieten wie z.B. Zentralafrika aus und gewinnt an Einfluss.

Okkultismus. Auch von der Geisterwelt des Okkultismus kommt Opposition. Die westlichen Länder erleben das anfangend mit Astrologie bis hin zum Spiritismus. Bei den Stämmen der Eingeborenen gibt es Schamanen und Medizinmänner. Im Islam werden die Geister Dschins genannt. Geisterbeschwörungen sind auch für den Hinduismus und den Buddhismus bezeichnend.

Wo Okkultismus verbreitet ist, herrscht oft die größte Auflehnung gegen das Evangelium. Der Grund dafür ist, dass die Geister ein Teil der großen Armee des Fürsten der Finsternis sind, des Satans.

Satan und seine Streitkräfte wollen die Pläne und Ziele Gottes zu-
nichte machen. Es ist gut möglich, dass du als Missionar mit diesen
Geistern in direkten Kontakt kommst, wenn du in das Gebiet des
Bösen vordringst.

Ein starkes Wirken des Geistes Gottes

Eine ermutigende Tatsache in unserer Welt ist das Wirken von Gottes Geist und die dramatische Verbreitung des Evangeliums. Sei nicht
erschrocken oder entmutigt wegen der Macht des Feindes. Gott ist
in deiner Welt am Werk. Nie zuvor in der Geschichte ist die Gemeinde so schnell gewachsen wie gerade jetzt. Zum ersten Mal seit
Bestehen der modernen Mission ist es geschehen, dass ein ganzer
Kontinent (Afrika) vom Evangelium erreicht werden kann. Zwan-
zigtausend Menschen pro Tag nehmen dort das Christentum an.
Manche Menschen schätzen, dass es heute im Jahr 2000 ca. 50%
Christen in Afrika gibt. In Brasilien, Südamerika, werden ungefähr
3000 neue Gemeinden pro Jahr gegründet.

Der Geist Gottes arbeitet auch in einer anderen Weise. Unter den
Ketschua Indianern in den Anden hat es ohne viel Mitwirken von
Missionaren von Ecuador bis Bolivien große Mengen von Bekehrten
gegeben. Osteuropa hat sogar unter dem Druck kommunistischer
Regierungen ein beachtenswertes Wachstum der Gemeinde erlebt.
Rumänien ist vielleicht das leuchtendste Beispiel, obwohl die Evan-
gelikalen dort unter starkem Druck der Behörden standen. Die
Möglichkeiten und die Verbreitung des Evangeliums sind in diesen
Ländern mit dem Fall des eisernen Vorhangs rapide gewachsen. In
Indonesien hat es Gott gefallen, in den achtziger Jahren Tausende
von Moslems zu erretten. Zum ersten Mal in der Geschichte hat es
in der Verbreitung des Islam einen Umschwung zu Gunsten der
Christenheit gegeben. Im Bollwerk des Islam in Afrika hat es auch
Risse gegeben, und wir sind vielleicht nahe daran, wirkliche Siege
für Christus in moslemischen Ländern zu erleben. Das Wachstum
in der Arbeit unter den Stämmen in Südostasien ist es auch wert,
erwähnt zu werden. Besonders in Burma, aber auch in anderen süd-
ostasiatischen Gebieten haben Tausende der Eingeborenen Christus
als ihren Retter angenommen. Wir preisen Gott für Sein sichtbares
Wirken. Du lebst in einer interessanten und wichtigen Zeit. Erken-
ne, wie bedeutend es ist, was Gott tut.

Eine offene Tür für den gehorsamen Jünger

Der letzte Punkt, den du in der heutigen Zeit im Licht der Mission betrachten sollst, sind »die offenen Türen in der Welt«. Es gibt eine Anzahl von Ländern, die sich der traditionellen Form christlicher Mission verschließen. Von Zeit zu Zeit hören wir von anderen Ländern, die Missionare nicht aufgenommen oder diese ausgewiesen haben. Ein Ergebnis solcher Nachrichten ist, dass die Gemeinde eine Art Phobie gegen Mission entwickelt hat. Manche sagen, warum soll man Geld, Zeit und Personen opfern, wenn die Türen für Mission verschlossen sind. Wahrscheinlich nehmen sie an, dass die Zeit für Mission vorbei ist. Diese Haltung ist falsch und basiert auf Fakten, die nicht wahr sind. In Wirklichkeit gibt es heute mehr offene Türen als jemals zuvor; mehr Menschen als je zuvor in der Weltgeschichte befinden sich in Reichweite des Evangeliums.

Der Ausdruck »verschlossene Türen« bezieht sich tatsächlich nur auf die Arbeitsweise, die in der Kolonialzeit üblich war. In jener Zeit, die in der ganzen Kirchengeschichte einzigartig war, bekamen Missionare Missionarsvisa für die Missionsarbeit. Vor 1800 n.Chr. kannte man solche Visa überhaupt nicht, und doch hat die Mission über tausendachthundert Jahre hinweg Bemerkenswertes erreicht. Lies ein gutes Buch über die Missionsgeschichte, und du wirst dies bestätigen können. Wenn die Mission über 1800 Jahre hinweg ohne spezielle Visa lebendig blieb, sollten wir annehmen, dass das Werk fortgesetzt werden kann, auch wenn keine solchen Visa mehr ausgestellt werden. Gott wird nicht durch Regierungsbeschlüsse eingeengt, noch hört Sein Geist auf zu wirken, weil einige Missionare nach Hause geschickt wurden.

Wir erwarten nicht, dass die Missionsarbeit einfacher wird. Wir erwarten Kampf und Opposition des Feindes. Traditionsgemäß hat die Mission die Festungen Satans angegriffen, den Gefahren grausamer Menschen getrotzt, verschlossene Türen geöffnet und für den Ruhm Gottes Bahn gebrochen. Für Paulus war es im ersten Jahrhundert nicht leicht. Wie Tausende anderer wurde er wegen seines Glaubens und seiner Missionsarbeit gemartert. Erwartest du, dass es dir besser geht? Verschlossene Türen sind ein Mythos. Es gibt keinen Platz auf der Welt, wo nicht irgendeine Art von Zeugnis hindurch dringen könnte, aber es könnte ein hoher Preis damit verbunden sein.

Du hast heute in dieser Zeit noch nie dagewesene Möglichkeiten, um Gott zu dienen. Mehr als die Hälfte der Länder auf der Welt sind für das Evangelium selbst in der traditionellen Weise ganz offen. Viele andere sind auf verschiedene Weise den Leuten aus dem Westen gegenüber aufgeschlossen. Hunderte Berufstätiger aus dem Westen haben zum Beispiel freiwillig in Ländern wie Iran oder Arabien eine Arbeitsstelle angenommen, um dort ein Zeugnis für Christus zu sein. Das könntest du z.B. tun. Du könntest dich einer der vielen Jugendorganisationen anschließen, die Teams mit Touristenvisa und evangelistischer Literatur in viele Länder schicken. Du könntest per Post viele schwierige Gebiete mit Korrespondenzkursen erreichen. Du könntest die Botschaft per Radio über weite Entfernungen und hinter den »Bambusvorhang« senden. Du könntest Übersetzer werden und irgendwohin gehen, um die Bibel in die dortige Sprache zu übersetzen. Die Liste der Möglichkeiten, um die Sache Christi voranzutreiben, ist wirklich sehr lang. Jetzt wartet eine Welt der Möglichkeiten auf dich!

»Muss ich mich im Wohlbehagen auf einem Blumenbett in den Himmel tragen lassen, während andere kämpften und durch Meere von Blut segelten, um den Preis zu gewinnen?«

Abschließend wirst du an einige bedeutende Faktoren im Umfeld der Missionsarbeit erinnert, die für einen erfolgreichen Boten wichtig sind. Hier ist noch einmal die Liste zu deinem Überblick.

- Die Bevölkerungsexplosion und der Mangel an Rohstoffen.
- Der abnehmende Einfluss der westlichen Welt.
- Der wachsende Nationalstolz und Identitätsbewusstsein bei den Stämmen.
- Die Entwicklung von nie dagewesenen Kommunikationsmitteln.
- Der Geist von Revolution, Aufruhr und Rechten.
- Ein alarmierendes Emporkommen antichristlicher Mächte.
- Ein starkes Wirken des Geistes Gottes.
- Eine offene Tür für den gehorsamen Jünger.

Mögest du wie die Männer von Issaschar sein, die »die Zeit verstanden und wussten, was Israel tun sollte«.

Fragen für Studium und Diskussion zu Lektion 11:

1. Welche Faktoren müssen beachtet werden, wenn man eine Strategie für Mission plant? In wie weit werden diese Faktoren von der Bevölkerungsverteilung und -dichte sowie von der Verringerung der Rohstoffe beeinflusst? Bestimmt die Not allein die Prioritäten? Diskutiere dies.

2. Wie beeinflusste der Kolonialismus die Verbreitung des Evangeliums? Wie wirken die Folgen des Kolonialismus auf die heutige Mission? Wie kann man diesen Problemen begegnen?

3. Erörtere die Auswirkung der Stammesidentität und des Nationalismus auf die heutige Missionsarbeit. Werden Missionare aus dem Ausland überflüssig? Wie muss der Missionar sich den wechselnden Verhältnissen anpassen?

4. Wie können die Vielzahl der Kommunikationsmittel und Transportmöglichkeiten am besten für die Mission verwendet werden? Diskutiere die Vor- und Nachteile von Radio und Fernsehen für die Mission. Diskutiere die Rolle von Literatur als missionarisches Werkzeug, und ihre Vor- und Nachteile. Was kannst du dazu tun?

5. Wie würdest du als Missionar bei einem unentwickelten oder sich gerade entwickelnden Land der Dritten Welt biblische Prioritäten unter Menschen setzen, die soziale und politische Gleichheit fordern? Was sind diese Prioritäten?

6. Diskutiere die aktiven antichristlichen Mächte in der heutigen Welt. Wie würdest du als Missionar diese Mächte bekämpfen? Wie könntest du helfen, diese Mächte jetzt zu bekämpfen?

7. Diskutiere das starke Wirken des Geistes Gottes in der ganzen Welt. Kennst du zusätzlich zu den im Text erwähnten Ländern Gebiete, wo Gott in besonderer Weise wirkt?

8. Gibt es heute Länder, die fürs Evangelium verschlossen sind? Erörtere die Aspekte von »offenen, verschlossenen und sich drehenden Türen«. Was meinen wir damit?

9. Wie könntest du in Länder einreisen, die heute offiziell für ausländische Missionare verschlossen sind? Bist du persönlich bereit, diese Möglichkeiten für den Missionsdienst im Ausland zu erwägen? Wenn nicht, warum nicht?

10. Wie lautet deine persönliche Antwort auf die heutige Situation der Mission?

Es herrscht ein Kampf. Dabei geht es um mehr, als bei den berühmtesten Schlachten der Welt, die den Lauf der Geschichte verändert haben. Die feindlichen Mächte in diesem Kampf sind stärker als alle, die bis jetzt aufmarschiert sind. Die Armeen Russlands, der Vereinigten Staaten und Chinas sind schwach im Vergleich zu denen, die ich an dieser Stelle meine. Und doch gibt es nur wenige Menschen, denen bewusst ist, dass ein Krieg gekämpft wird. Prozentual bemerken nur wenig Christen, dass sie in diesen Kampf verwickelt sind, der genau so real ist, wie das Leben selbst. Der Krieg, der hier gemeint ist, wird der »Krieg der Zeitalter« genannt. Es ist die riesige Schlacht, die zwischen den Heerscharen Gottes und den Mächten Satans ausgetragen wird. Es ist der gigantische Kampf um den Verstand und die Seelen der Menschen. Die Schlacht tobt in unserem Umfeld, obwohl viele diese Tatsache vergessen haben. Die Missionsfelder der Welt sind Kriegsschauplätze dieser globalen Schlacht. Jeder Christ ist ein Soldat, aber Missionare befinden sich oft dort, wohin David den Uria stellte, »wo die Kampffront am härtesten ist« (2. Sam. 11,15). Es wird bei der Kampfführung Risiken, Gefahren und Verluste geben, aber Gott beherrscht die Lage. Unsere Aufgabe ist es, als »gute Soldaten Jesu Christi« zu dienen.

Der historische Bericht des Kampfes

Der Krieg der Zeitalter ist der Kampf Satans und seiner Armeen, um für die Welt und ihre Bevölkerung die Absichten Gottes zu verdrehen und ihnen zu widerstehen. Betrachte einiges aus dem Verlauf dieses Konfliktes, wie er im Wort Gottes gesehen wird. Wenn du den Hintergrund verstehst, wirst du deinen Platz in dem jetzigen Kampf besser erkennen. Der erste Konflikt, von dem berichtet wird, fand im Himmel statt, als Luzifer, der Lichtträger, gegen die Autorität Gottes im Himmel rebellierte. »Wie bist du vom Himmel gefallen, du Glanzstern, Sohn der Morgenröte! ... Und du, du sagtest in deinem Herzen: Zum Himmel will ich hinaufsteigen, hoch über den Sternen Gottes meinen Thron aufrichten ... dem Höchsten mich gleichmachen« (Jes. 14,12-14). »... fülltest du dein Inneres mit Gewalttat und sündigtest. Und ich

verstieß dich vom Berg Gottes« (Hes. 28,11-18). So wurde der Sohn der
Morgenröte, der gesalbte Cherub, zum Satan (Feind). Mit den Engeln,
die mit ihm aus dem Himmel geworfen wurden, setzte er sich zum
Ziel, die Pläne Gottes zu durchkreuzen und zu verhindern. Sechstau-
send Jahre biblischer Geschichte berichten von den Kämpfen zwischen
Satan und den herrlichen Absichten Gottes. Gott sitzt immer noch auf
dem Thron des Universums. Das Ergebnis des Kampfes war nie in
Frage gestellt, aber das mindert in keiner Weise die Hitze des Gefechts
und die Ernsthaftigkeit der Schlacht.

Der erste Angriff fand im Garten Eden statt, als die Schlange die
Saat des Zweifels und Unglaubens in Evas Herz säte, was zum Sün-
denfall des Menschen führte (1. Mo. 3). Hier erklärt Gott den Krieg,
die Feindschaft zwischen dem Samen der Frau und dem Samen Satans (1. Mo. 3,15). Obwohl Satan zweifellos dachte, er hätte einen
Sieg errungen, wendete Gott das Blatt durch die wundervolle Prophetie vom Samen der Frau (der Herr Jesus Christus), der der Schlange den Kopf zermalmen, d.h. sie besiegen würde. In der Folge würde
der »Same« verwundet werden (das bezieht sich auf die Leiden des
Herrn auf Golgatha; siehe 1. Mose 3,15).

Mit dem Fortschreiten der Geschichte des Alten Testaments kam
eine Attacke Satans nach der anderen, um die Erfüllung dieser zwei-
fachen Prophetie betreffend das Kommen des Erlösers für die sündi-
ge Menschheit und die Vernichtung Satans zu verhindern. Von dem
Mord an Abel, der zweifellos von Satan aus der Befürchtung heraus,
dieser könnte der kommende Same sein, eingefädelt war, bis zur
Kreuzigung des Herrn Jesus Christus kann man die Spur Satans
genau verfolgen. Durch alle Jahrhunderte hindurch sieht man ihn
durch Sünde, Gesetzlosigkeit, Gewalt und Rebellion wirken. Manchmal versuchte er als »Engel des Lichts« und manchmal als »brüllen-
der Löwe« Gottes Absichten zu vereiteln und das Kommen des Erlösers zu verhindern. Betrachte nur ein paar Situationen, in denen er
das versuchte. Er führte die unmoralischen Einflüsse ein, die die
Welt vor der Flut verdarben. Er füllte die Herzen der Menschen mit
Stolz, so dass sie mit dem Turm von Babel Gottes Plan umzustür-
zen suchten. Er veranlasste den Rückschritt vom Monotheismus
zum Polytheismus, als die Menschen anfingen, Götzen anzubeten
(Röm. 1,21-26). Er beeinflusste Abraham und Sarah, menschliche
Mittel anzuwenden, um den versprochenen Sohn zu bekommen.

Der Versuch des Pharao, alle männlichen Neugeborenen zu töten, war vom Teufel inspiriert, genauso wie die ganzen anderen Versuche, den Samen zu vernichten. Denke an den Anschlag Hamans in Esther Kapitel 3. Sauls Absicht, David zu töten und Davids Versuchung, gerade nachdem Gott den Bund mit ihm gemacht hatte, haben alle die gleiche Ursache.

Die verschiedenen Versuche Satans während des Dienstes des Herrn Jesus, um den Plan der Erlösung zu verhindern, sind gut bekannt. Die Anordnung des Herodes, alle männlichen Kleinkinder zu töten, die Versuchung in der Wüste, der Vorschlag des Petrus, den Kreuzestod zu vermeiden, der Versuch der Feinde, Ihn vor der Zeit zu steinigen, das alles illustriert das Zunehmen des Kampfes, je näher der Zeitpunkt der Kreuzigung heran rückte. Der Gipfel von allem waren vielleicht die Schreie der religiösen Führer: »Hinweg mit ihm, kreuzige ihn«. Triumphierend dachte Satan, er hätte sein Ziel erreicht. Er wusste wenig davon, dass der Richterspruch über ihn durch den Kreuzestod besiegelt worden war (Hebr. 2,14).

Obwohl Satan auf Golgatha besiegt und durch die Auferstehung erniedrigt worden war, gab er den Kampf nicht auf. Er weiß genau, dass das Gericht über ihm schwebt, und seine Arbeit während der vergangenen zweitausend Jahre war, aus Rache so viel Zerstörung wie möglich in der Ausbreitung des Evangeliums und dem Bau der Gemeinde, des Leibes Christi, anzurichten. Wenn du den Kampf im Verlauf der Geschichte verfolgst, ist das Muster immer das gleiche. Satan beeinflusst den Menschen dahingehend, die Zivilisation ohne Gott zu verbessern, was immer Unheil zur Folge hat. Satan verfälscht alles, was richtig und wahrhaftig ist, wodurch er sich gegen Gottes Wahrheit und gegen Gottes Volk stellt. Von Satan inspirierte Verfolgungen haben das Zeugnis von Gotteskindern gehindert. Falsche Lehren sind eingedrungen, um die Wahrheit über den Herrn Jesus und die Erlösung zu verdrängen. Er verleitet die Gläubigen, Böses zu tun, damit sie ihre Glaubwürdigkeit verlieren. Der Organismus der Gemeinde selbst wurde ganz schlau in das gewaltige Trugbild umgewandelt, das die Menschen in die Hölle treibt. Es kam die Reformation, aber nicht lange danach wurde auch sie von satanischen Einflüssen infiziert, die Europa bis heute zu einem der finstersten Orte auf Erden machten. All das zeigt, wie Satan in der Geschichte beständig am Werk war, um die Pläne Gottes zu vereiteln. »Kriegslärm ist im Land« (Jer. 50,21).

Heutige Schlachten in diesem Konflikt

So deutlich, wie die Geschichte den Kampf zwischen Gut und Böse
über die Jahrhunderte hindurch aufzeigt, so sieht man in der gegenwärtigen Situation die Weiterführung desselben. Der Krieg ist noch
nicht aus. Er nimmt an Intensität zu. Es ist »Kriegslärm im Land«
(Jer. 50,21). Man kann das an vielen Fronten beobachten, wobei dies
ebenfalls Teil von Satans Plan ist. Für uns ist dieses *Wissen wichtig*.
Wenn wir die Zeitung lesen, die Ereignisse interpretieren und uns
selbst mit dem Wissen einbringen, dass ein raffinierter, trügerischer
und mächtiger Feind hinter allem steht, was passiert, können wir die
Rolle, die Gott uns in dem Kampf gegeben hat, besser verstehen.

Drei Bücher mit ähnlichen Titeln, die es jetzt zu diesem Thema
gibt, mögen dazu dienen, den heutigen Charakter des Konflikts in
drei Teilen zu illustrieren: The battle for the Bible (Der Kampf um
die Bibel) von Harold Lindsell; The battle for Africa (Der Kampf um
Afrika) von Bruder Andrew; The battle for world evangelism (Der
Kampf um die Weltevangelisation) von Arthur Johnston. Lindsells
Buch nimmt die Frage der Unfehlbarkeit der Bibel auf und zeigt,
dass es in der evangelikalen Bewegung in den Vereinigten Staaten
Elemente gibt, die die Bibel nicht als ganz inspiriert ansehen. Dr.
Lindsell tritt voll für die verbale Inspiration und völlige Autorität
der Bibel ein, weil sie von mächtigen Feinden angegriffen wird, die
die Ansicht von »begrenzter Unfehlbarkeit« vertreten. Dies ist für
die Weltmission wichtig, weil der größte Teil der Missionare in Bibelschulen und Seminaren von Nordamerika ausgebildet wird. Das
Buch von Bruder Andrew möchte zeigen, dass der Konflikt auf dem
afrikanischen Kontinent nicht grundsätzlich im Kampf zwischen
dem Kommunismus und dem westlichen Kapitalismus besteht, sondern ein Kampf zwischen der Welt der Ungläubigen und der Gemeinde ist. Dr. Johnstons Buch ist eine Analyse der Dynamik der
Evangelisation, und er sieht ein Aufgeben der evangelikalen Reinheit in der neueren Geschichte der Missionsbewegung. Er betrachtet im Besonderen zwei historische Konferenzen über Weltevangelisation, eine 1966 in Berlin und die andere 1974 in Lausanne. Die
drei »Kampf«-Bücher unterstreichen das Anliegen vieler evangelika-
ler Leiter für die Entwicklungen in der Welt. Sie zeigen auch die
Kampfhaltung auf, die Menschen als Soldaten Jesu Christi einnehmen müssen.

Die gegenwärtige Strategie des Bösen schließt die Verfolgung wahrer Christen mit ein. Ein weiteres Buch, das 1978 veröffentlicht wurde, rückt das ins Blickfeld. Es heißt »By their Blood, christian martyrs of the 20th century« (Mit ihrem Blut, christliche Märtyrer im 20. Jhdt.) von James und Marti Hefley. Wie der Titel erkennen lässt, spricht dieses Buch vom Martyrium Hunderter der treuesten Diener Gottes, die in den ersten 75 Jahren des 20. Jahrhunderts ihr Leben für die Sache des Herrn Jesus Christus gelassen haben. Das Buch, das gut geschrieben und dokumentiert ist, stellt eine nüchterne Berechnung der Kosten von Jüngerschaft dar. Es herrscht ein Krieg, und es ist höchste Zeit, dass viele von uns dieser Tatsache ins Auge sehen.

In der vorhergehenden Lektion, die »Das heutige Umfeld der Mission« heißt, zeigten wir einige der Entwicklungen in der heutigen Welt auf. Darunter wurden mehrere antichristliche Mächte in der Welt genannt. Diese Mächte sind nichts anderes als die verschiedenen Fronten der Schlacht um die Seelen der Menschen; Kommunismus, Islam und Okkultismus wurden herausgegriffen. Alle drei sind falsche Religionen, die die Hingabe von mehreren Milliarden von Menschen beanspruchen. Bei jedem Anlass widersetzen sie sich der Arbeit mit dem Evangelium. Kommunistische Führer und Armeen waren für die Verfolgung von Millionen Menschen verantwortlich. Nicht alle Verfolgten waren Christen, aber Christen waren bei weitem am meisten durch den militanten Kommunismus betroffen. Die Schätzungen derer, die unter der Regierung Mao Tse Tungs getötet wurden, rangieren von 30 – 50 Millionen. Viele davon waren gläubig. Der Kommunismus war für den Tod ungezählter Gotteskinder verantwortlich und zwar in Vietnam, Kambodscha, Angola, Mosambik, Somalia und Albanien. Christen in osteuropäischen Ländern wie Polen, Bulgarien, Ungarn, Tschechoslowakei und Russland wurden gefoltert, in Gefängnisse gesteckt und nach Sibirien verschleppt. Satan reibt sich die Hände vor Freude, wenn er die Heiligen leiden sieht.

Der Islam ist eine weitere mächtige und zunehmende antichristliche Kraft in der Welt. Missionare, die versuchen, in moslemischen Ländern Gott zu dienen, wissen, dass sie in einer der Festungen Satans sind, und sie erwarten wenig Erfolg, weil der Widerstand so massiv ist. Jeder, der sich öffentlich zum Christentum bekennt, wird nicht lange am Leben bleiben. Selbst ausländische Missionare, die wegen ihrer internationalen Beziehungen manchmal sicherer sind, sind in diesen Ländern nicht von Verfolgung und Tod verschont. Die islamische Front in dem Kampf ist eine der härtesten Fronten im ganzen Krieg. Eine Milliarde Menschen verbeugt sich täglich fünfmal Richtung Mekka.

Der Okkultismus hat viele Formen, aber er ist immer auf der Seite Satans. Die pragmatischen Menschen im Westen neigen dazu, die Macht und den Einfluss des Okkultismus zu unterschätzen, weil sie sie übersehen. Größtenteils sehen sie nicht, dass die okkulte Verehrung der alten Babylonier und später der Griechen und Römer sich grundsätzlich wenig unterscheidet von den okkulten oder animistischen Religionen der Stammeskulturen. Es ist schwer zu verstehen, dass viel von der hinduistischen Religion und des Buddhismus kaum mehr als einen Schritt von dem Animismus der Stämme entfernt ist. Eine der schlauesten Bewegungen Satans zeigte sich in der Religion Nimrods in den Tagen der Patriarchen, die heute so viele verschiedene Formen angenommen hat. Grundsätzlich ist es die ehrfürchtige Anerkennung der Welt der Geister und der Versuch des Menschen, sich diese Mächte zu Nutzen zu machen. Spiritismus und Astrologie sind zwei weitere Aspekte des gleichen Systems.

Verbreitung der vorherrschenden Religionen

Zusätzlich zu Kommunismus, Islam und Okkultismus gibt es noch andere Mächte, die auftreten, um das Gefüge der menschlichen Gesellschaft zu Fall zu bringen, indem verbleibende Werte zerstört werden. Dadurch entwickelt sich die allgemeine Moral in der heutigen Welt zu einer Abwärtsspirale. Es gibt andere Religionen, besonders im Osten, die die Hingabe ihrer Millionen Anhänger fordern. Es gibt die degenerierten Formen der Christenheit, die die Wahrheit unter vielen guten Werken, Bildern, Marienkult, Ikonen, Liturgien und anderen unbiblischen Praktiken vergraben haben. Der Protestantismus selbst ist in manchen Gebieten verflacht im Vergleich zu dem, was er darstellte, als er in der mittelalterlichen römisch-katholischen Kirche aufbrach. Große Teile der Protestanten leugnen die Gottheit Christi, widersetzen sich der alleinigen Autorität der Bibel und weigern sich zu glauben, dass Sühnung die Grundlage der Errettung ist. Diese Wahrheiten, für die Hunderte von Protestanten starben, werden heute belächelt.

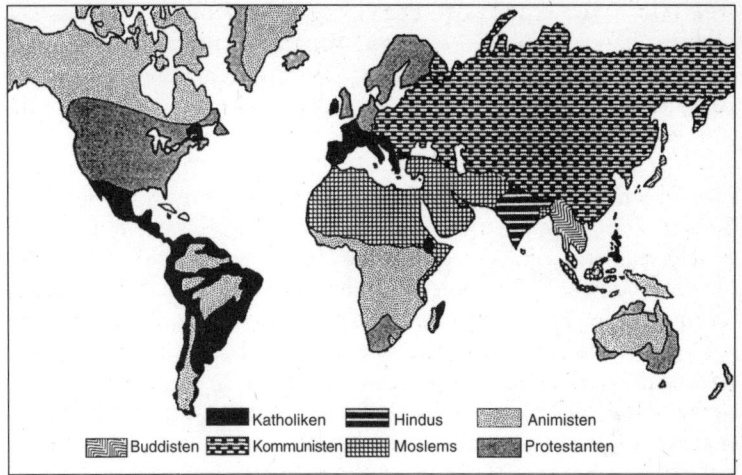

Die Kräfte außerhalb der strukturierten Kirche sind in ihrer Natur oft antichristlich, und hier spielt sich ein großer Teil der Schlacht ab. Ernstliche Christen beklagen die zerstörerischen Einflüsse der Medien, die gewöhnlich entgegengesetzt den Werten, die rechtschaffene Leute schätzen, die Maßstäbe der ganzen Welt umformen. Durch manches wird der Zusammenbruch der Gesellschaft heraufbeschworen, die Scheidungsrate erhöht und die Kontrolle einer Regierung nach dem Typ des Großen Bruders nimmt zu. Solche Dinge bekommen im allgemeinen Beifall von den Medien. Das wirtschaftliche Leid der modernen Welt verursacht zunehmende Sorgen. All diese Dinge zusammengenommen verdeutlichen den meisterhaften Plan eines teuflischen Strategen, der beabsichtigt, die Gesellschaft und die meisten Dinge, die uns teuer sind, zu vernichten. Dieser meisterhafte Plan scheint von Satan selbst zu stammen, der all diese Kräfte für seine eigenen Zwecke benutzt, nämlich die heiligen Absichten Gottes zu verdrehen und zu vernichten. In einer solchen Welt arbeitet der Missionar. Dieses sind die Feinde, denen er gegenüber steht.

Der Feind würde frohlocken, wenn du in Schlaf versinkst, oder wenn du überzeugt wärst, dass du nicht daran beteiligt bist. Unterschätze die Bedeutung des gesamten Bildes nicht. Das möchte Satan nämlich vor dir verborgen halten. Vor dem Zweiten Weltkrieg gab es viele Anzeichen dafür, dass nicht alles in Ordnung war, aber sehr wenige erkannten den Plan des Feindes dahinter, bis es fast zu spät war. Die heutigen Christen dürfen den Ernst der Lage nicht unterschätzen. »Denn unser Kampf ist nicht gegen Fleisch und Blut, sondern gegen die Gewalten, gegen die Mächte, gegen die Weltbeherrscher der Finsternis, gegen die geistigen (Mächte) der Bosheit in der Himmelswelt« (Eph. 6,12).

Die Beteiligung des Christen in dem Konflikt

All das ist nicht geschrieben worden, damit du davonläufst, dich versteckst, oder um dir Furcht einzuflößen, sondern um dir das Gesamtbild aufzuzeigen, damit du besser erkennst, welches dein Platz in dieser Schlacht sein soll. Wir brauchen keine Angst zu haben, denn Gott ist auf unserer Seite. Der Herr Jesus selbst sagte: »Und siehe, ich bin bei euch alle Tage bis zur Vollendung des Zeitalters« (Mt. 28,20). Wir brauchen nicht zu fürchten, dass die Pläne Gottes doch schließlich vereitelt werden. Gott ist weiterhin auf dem Thron. Letztlich wird Er triumphieren. Du stehst auf der Seite des Siegers. »Gott aber sei Dank, der uns den Sieg gibt durch unseren Herrn Jesus Christus.« Da wir das wissen, müssen wir unseren Auftrag wahrnehmen, in der Schlacht mitzukämpfen. Der Herr Jesus sagte über Seine Gemeinde: »Des Hades Pforten werden sie nicht überwältigen.« Die Tore waren der Ort, wo der Stadtrat und die Führer ihre Pläne machten und von wo aus sie regierten. Der Herr erinnerte Seine Jünger daran, dass alle Führer und Ratschläge der Hölle zusammen genommen die Gemeinde nicht besiegen könnten. Das ist eine große Ermutigung, wenn es schwierig wird und alles negativ aussieht.

»Denn die Waffen unseres Kampfes sind nicht fleischlich, sondern mächtig für Gott zur Zerstörung von Festungen« (2. Kor. 10,4). Wir haben überlegene Waffen. Wir haben das Wort Gottes, welches das »Schwert des Geistes« ist. Wir haben die Gegenwart und Macht des Geistes Gottes selbst. Er wohnt in uns, und Sein Werk ist es, die Welt von ihren Sünden, von Gerechtigkeit und Gericht zu überführen. Wir haben den Schutz der ganzen Waffenrüstung, wie sie in Epheser 6,12-18 beschrieben ist. Mit der »ganzen Waffenrüstung Gottes« können wir »gegen die Listen des Teufels bestehen«. David machte es richtig, als er dem Goliath allein entgegen trat, nur mit einer Schleuder und fünf glatten Steinen ausgerüstet. Menschlich gesehen gab es nicht eine Chance unter tausend, den Riesen zu schlagen. Aber David kannte seinen Gott. Sein Standpunkt war: »... des Herrn ist der Kampf« (1. Sam. 17,47). Mit dieser Einsicht über den Kampf ging David mutig vorwärts und siegte.

Beteiligung bedeutet totalen Einsatz

Wenn wir das Gesamtbild des globalen Krieges betrachten, müssen wir uns daran erinnern, dass wir unseren Teil dazu beitragen müssen. Wenn der globale Krieg real ist, ist globaler Einsatz nötig. Um einen Krieg zu gewinnen, ist es absolut notwendig, kämpfend ins feindliche Gebiet vorzudringen. Es ist unmöglich, daheim zu sitzen und die Schlacht zu gewinnen. Weltweit wird der Krieg an vielen Fronten geführt. Also muss sich jeder Christ dringend in den Kampf einbringen. Niemand darf verweigern. All unsere Mittel müssen für den Kampf mobilisiert werden. Alle unsere Soldaten müssen kampfbereit sein. Was bedeutet das für dich?

Jeder Soldat muss ausgebildet werden. »... wer wird sich zum Kampf rüsten?« (1. Kor. 14,8). Paulus verdeutlicht hier, dass niemand sich zum Kampf rüsten wird, wenn die Trompete einen undeutlichen Ton gibt. Dieser undeutliche Trompetenton hat Tausende in Inaktivität eingelullt. Wir hoffen, dass du dich zum Kampf rüsten wirst, wenn Gottes Wort dich so deutlich ruft. Bereite dich vor, indem du das Wort Gottes sorgfältig kennen lernst. Bereite dich vor, indem du lernst, was es heißt zu beten – nicht nur wie einer, der Gebete aufsagt, sondern wie einer, der sich an den lebendigen Gott klammert und Antworten auf diese ernsten Gebete erwartet. Bereite dich vor, indem du deine Zeit, deinen Körper, dein Geld, Talente und Vergnügen täglich diszipliniert einteilst, damit du nur zur Ehre des Herrn lebst. Im Alten Testament werden solche erwähnt, die am Tag des Kampfes zurückwichen (Ps. 78,9). Wenn sie sich für den Kampf richtig zugerüstet hätten, wäre das nicht passiert. Zu viele Missionare haben das Gleiche getan, was jene Männer Ephraims taten; so wie es hart wurde, kehrten sie um. Fasse den Entschluss, das nicht zu tun.

Jeder Soldat muss für die Sache hingegeben sein. Krieg ist ein Risiko. Jeder Soldat, der an die Front geht, ist bereit, für die Sache sein Leben zu lassen. Im elften Kapitel des Hebräerbriefs sind etliche große Glaubensmänner genannt, unter denen die waren, die »aus der Schwachheit Kraft gewannen« (Hebr. 11,34). Der Grund für ihren Mut war ihre vollständige Hingabe an die Sache. Ich fürchte, diese Hingabe hat heute an Bedeutung verloren. Manche Menschen können unter Tränen in christlichen Versammlungen darüber reden, aber versagen kläglich, wenn persönliche Kosten und Opfer gefordert werden. Es gibt Gebiete in ihrem Leben, in denen sie den Herrn Jesus nicht Herr sein lassen wollen. Vor fast tausend Jahren gab es einen Wendepunkt in Frankreich, als Clodwig, der König der Franken, zusammen mit Tausenden seiner Soldaten getauft wurde. Aber es wurde berichtet, dass sie ihre kriegerische Haltung nicht aufgeben wollten, deshalb hielten sie bei der Taufe ihre rechte Hand aus dem Wasser heraus. Sie wollten die Hand, die das Schwert trug, nicht dem Herrn übergeben. Leider gibt es viele in unserer Zeit, die auch so handeln.

Jeder Soldat muss für den Herrn Jesus Christus Härten ertragen. Paulus sagte zu Timotheus: »Nimm teil an den Leiden als ein guter Streiter Christi Jesu« (2. Tim. 2,3). Du kannst nicht im Krieg kämpfen und es dir dabei bequem machen. Wir leben in einer Gesellschaft, die sich an Luxus und Bequemlichkeit gewöhnt hat, so dass wir glauben, wir hätten ein Recht darauf und es sei irgendwie christlich. Das Leben in einer riesigen aber einsamen Stadt mag unbequem sein. Durch einen dichten, feuchten Dschungel zu wandern mag unbequem sein. In französischen Provinzstädtchen von Tür zu Tür zu gehen mag unbequem sein. Passe auf, dass deine Entscheidungen sich nicht auf weltliche Ideale von Sicherheit, Gefahrlosigkeit und Weichheit gründen. Am Ende dieser Lektion stehen wir vor einer Frage, die uns der Herr stellt: »Willst du ... mit mir in den Kampf ziehen?« (1. Kön. 22,4).

Fragen für Studium und Diskussion zu Lektion 12:

1. An welchem Krieg ist jeder Christ beteiligt? Welchen Platz muss jeder Christ ausfüllen? Wo befinden sich Missionare oft?

2. Wie und wo begann der »Krieg der Zeitalter«? Wer war an diesem Konflikt beteiligt? Welches sind die Konsequenzen und Auswirkungen dieses Konfliktes in der menschlichen Geschichte?

3. Wer gewann den Sieg in diesem Krieg? Wie wird der Kampf enden?

4. Beschreibe einige der heutigen Szenen in diesem Kampf. Diskutiere die Probleme, die daraus entstehen und deren Bedrohung für die Missionsarbeit.

5. Diskutiere die Tatsache, dass im 20. Jahrhundert mehr Christen hingerichtet wurden, als in all den vorhergehenden Jahrhunderten. Welches sind die mitwirkenden Faktoren? Welches sind die Konsequenzen für die Gemeinde und die Mission?

6. Welche anderen Kräfte sind dabei, das Gebäude der menschlichen Gesellschaft zu zerstören? In wie weit kannst du die diabolische Strategie Satans feststellen? Welches ist die Hoffnung der Gemeinde?

7. In welchem Ausmaß bist du an dem Kampf beteiligt? Welche Rolle nimmst du im Augenblick ein? Ist das die Rolle, die Gott dir zugedacht hat?

8. Wie kannst du dich besser zurüsten, um dem Herrn Jesus Christus noch aktiver zu dienen? Welche Rüstung und Waffen stehen dem Gläubigen zur Verfügung?

9. Wie steht es um deine Hingabe an die weltweite Sache Christi?

10. Bist du bereit, als ein guter Soldat Jesu Christi Härte zu erdulden? Bist du zur Zeit in aktivem Dienst? Falls nicht, was willst du unternehmen?

11. Nenne die Schritte, die du unternehmen willst, um deiner Verpflichtung dem Missionsbefehl gegenüber nachzukommen.

12. Hat Gott dich durch diesen Kurs angesprochen? Schreibe eine Erklärung über deine Hingabe an Gott und an Seinen Plan in diesem Zeitalter.

Nachwort

Wie lautet deine Antwort, wenn du zurück schaust und betrachtest, was dieses Studium über Mission für dich bedeutet?

Du hast gelernt, dass die Aufgabe der Weltevangelisation wichtiger ist als alles andere, was den Menschen heute betrifft. Du hast auch gelernt, dass die globale Perspektive der Bibel Gottes weltweite Absichten enthüllt und dass das auch dich und dein Leben einbezieht. Du kannst kaum den Aufforderungen entgehen, dich an der Verkündigung des Evangeliums zu beteiligen.

Du hast gelernt, dass der »Ruf« Gottes keine mystische Vision in der Nacht ist, sondern eine schrittweise Führung jedes hingegebenen Christen. Hast du bei der Betrachtung der Fähigkeiten für einen wirksamen Dienst und die Methoden der Mission, die heute gebräuchlich sind, ein Gebiet erkannt, auf dem du in Gottes Programm passt?

Deine örtliche Gemeinde beeinflusst dein Leben und deine Haltung gegenüber der Mission direkt, und deine Unterstützung durch Gebet sowie deine finanzielle Hilfe wirst du hauptsächlich dort einbringen. Durch dein Studium hast du mehr Kenntnisse der kulturellen Unterschiede erworben und einige Probleme und Möglichkeiten kennen gelernt, die damit verbunden sind.

Vielleicht wird die moderne Welt für dich lebendig, wenn du Nachrichten hörst, und dein Anliegen für die Weltbevölkerung wird zunehmen. Du wirst das Anwachsen des Konfliktes mit dem Bösen spüren, da das Zeitalter dem Ende zusteuert und das Kommen des Herrn näher rückt.

Im Licht all dieser Argumente hast du eine Verantwortung vor dem Herrn. Du kannst nicht Nein sagen, wage es nicht Nein zu sagen! Welch größere Freude und welch größeres Privileg könntest du dir wünschen, als am großen Plan Gottes für die Welt mitzuwirken? *Sag nicht NEIN, wenn Gott dich ruft!*

Bücher, die unterstützend zum Lesen empfohlen werden:

- Broadbent, E.H., 2000 Jahre Gemeinde Jesu, CV Dillenburg

- Elliot, Elisabeth, Im Schatten des Allmächtigen, CLV Bielefeld, 1991

- Griffiths, Michael C., Es gibt größeres, Kursbuch für Weltmission, Brunnen, Gießen, 1972

- Johnstone, J.P., Gebet für die Welt, Hänssler Holzgerlingen, 1994

- Peters, George W., Missionarisches Handeln, Edition C – VLM

- Pirolo, Neal, Berufen um zu Senden, Hänssler Holzgerlingen, 1995

- Richardson, Don, Friedenskind, VLM

- Steer, Roger, Georg Müller – Vertraut mit Gott, CLV Bielefeld, 1995

Englische Bücher:

- Allen, Rowland, Missionary Methods – St. Paul's or Ours. Grand Rapids: Eerdmans Publishing Co., 1962.

- Anderson, Sir Norman, The World's Religions. Grand Rapids: Eerdmans Publishing Co., 1975.

- Broadbent, E.H., The Pilgrim Church. London: Pickering and Inglis, n.d.

- Cook, Harold R., An Introduction to Christian Missions. Chicago: Moody Press, 1954.

- Cook, Harold R., Missionary Life and Work. Chicago: Moody Press, 1959.

- Duncan, Homer, The Divine Intent. Lubbock: The Missionary Crusader, 1977.

- Elliot, Elizabeth, Shadow of the Almighty. New York: Harper & Brothers, 1958.

- Elliot, Elizabeth, Through Gates of Splender. New York: Harper Brothers, 1957.

- Engstrom, Ted W., What in the World Is God Doing? Waco: Word Books, 1978.

- Fleming, Kenneth L., Getting to Grips with Missions. Christian Missions in Many Lands.

- Griffiths, Michael C., Give Up Your Small Ambitions. Chicago: Moody Press, 1970.

- Grunlan, Stephen A. and Mayers, Marvin K., Cultural Anthropology. Grand Rapids: Zondervan, 1979.

- Harlow, R.E., That All May Hear. Toronto: Everyday Publications, 1966.

- Hesselgrave, David J., Communicating Christ Cross-Culturally. Zondervan Publishing House, 1978.

- Horton, A.E., The Church Age. Toronto: Everyday Publications, 1978.

- Hulbert, Terry C., World Missions Today. Wheaton: Evangelical Teacher Training Association, 1979.

- Johnstone, P.J., Operation World. Bromley: Send the Light Publications, 1978.

- Kane, J. Herbert, A Concise History of the Christian World Mission. Grand Rapids: Baker Book House, 1979.

- Kane, J. Herbert, Christian Missions in Biblical Perspective. Grand Rapids: Baker Book House, 1976.

- Kane, J. Herbert, The Making of a Missionary. Grand Rapids: Baker Book House, 1975.

- Lang, G.H., Anthony Norris Groves. London: Paternoster Press, 1949.

- Neill, Stephen, A History of Christian Missions. New York: Penguin Books, 1964.

- Nida, Eugene A., Customs and Cultures. New York: Harper and Row, 1954.

- Peters, George W., A Biblical Theology of Missions. Chicago: Moody Press, 1972.

- Pierson, A.T., George Muller of Bristol. Bromley: Send the Light Trust, 11972.

- Pulleng, A., Go Ye Therefore. London: Paternoster Press, 1958.

- Stunt, W.T. and others, Turning the World Upside Down. Bath: Echoes of Service, 1972.

- Vine, W.E., A Guide to Missionary Service. London: Pickering and Inglis, 1946.

- Wilson, T.E. and others, Global Strategy. Spring Lake: Christian Missions in Many Lands, 1978.

E. Elliot

Die Mörder – meine Freunde

Meine Zeit bei den Aucas

160 Seiten
DM 14.80
ISBN 3-89397-273-0

Am 8. Januar 1956 wurden fünf amerikanische
Missionare im Dschungel Ecuadors durch die
Speere der Aucas getötet. Drei Jahre nach der
Ermordung ihres Mannes Jim ziehen Elisabeth
Elliot, ihre dreijährige Tochter Valerie und Rachel
Saint, die Schwester des ermordeten
»Dschungelfliegers« Nate Saint, zu den Aucas.
Sie fügen sich in die Dschungel-Kultur ein,
erlernen die schwierige Sprache und bringen den
Mördern ihrer Liebsten das Evangelium.
Elisabeth Elliot schildert, unterstützt durch Fotos
aus dieser Zeit, ihre Erfahrungen, Entbehrungen,
Ängste und Fragen, aber auch den tiefen Frieden
und die Freude, die einen Menschen erfüllen, der
den Weisungen des himmlischen Meisters
bedingungslos folgt.

Paperback

R. Steer
Georg Müller
Der Waisenvater von Bristol

Hardcover

272 Seiten
18,80 DM
ISBN 3-89397-351-6

Unter dem Namen »Waisenvater von Bristol« ist
Georg Müller (1805 –1898) in die Geschichte
der Erweckungsbewegung eingegangen. Doch
nur wenige kennen sein gottloses Leben vor
seiner Bekehrung und sein vorbildliches, nach
neutestamentlichen Prinzipien ausgerichtetes
Leben nach seiner radikalen Umkehr zu
Christus.

Diese Biografie zeigt, wie Georg Müller mit
seinem Leben und Lebenswerk einer gottlosen
Welt und einer glaubensarmen Christenheit den
sichtbaren Beweis geliefert hat, dass Gott
gestern wie heute zu seinen Verheißungen steht
und jeder Dienst nach neutestamentlichem
Muster mit Gottes Segen rechnen kann.

Benedikt Peters
George Whitefield
Der Erwecker Englands und Amerikas

Hardcover

480 Seiten
24,80 DM
ISBN 3-89397-374-5

Er gab der ganzen englischsprachigen Welt
innerhalb von vier Jahrzehnten ein neues
Gesicht, indem er das Werkzeug zur Erweckung
des 18. Jahrhunderts wurde – George Whitefield
(1714–1770). Er war ein Arbeiter am
Evangelium: im Laufe seines Lebens hielt er
über 30.000 Predigten, größtenteils unter freiem
Himmel und vor bis zu 80.000 Hörern.

Whitefield zeigte in beschämender
Eindringlichkeit, was Hingabe ist. Er war ein
Friedensstifter und Versöhner unter Brüdern,
ein Mann der Demut. Vor allem aber war er ein
Mann, der von der Gnade Gottes überwältigt
war.

In unserer von Leidensscheu und
Selbstverliebtheit geprägten Zeit ein sehr
beeindruckendes, herausforderndes und
mutmachendes Buch.

E. Crossman
James O. Fraser
Der Bergsteiger Gottes

Hardcover

248 Seiten
18,80 DM
ISBN 3-89397-332-X

Begabt, gebildet, aus einer reichen englischen
Familie stammend, entschließt sich der
22-jährige Fraser allen Wohlstand aufzugeben
und den primitiven, armen, von Dämonen-
furcht geplagten Bergvölkern der Lisu im
heutigen China auf mühsamen Wegen das
Evangelium zu verkünden.

Misserfolge, Anfechtungen und Anfeindungen
machen ihn zu einem Mann, der die Kraft des
Gebets kennen lernt und erleben darf, wie die
fast aussichtslose Aussaat des Evangeliums
plötzlich reiche Frucht bringt.

Diese Biografie enthält viele Tagebuchaufzeich-
nungen und Briefe Frasers, in denen er selbst-
kritisch seine Erfahrungen schildert und wertvolle Anregungen für die Jüngerschaft und das
Gebetsleben gibt.